# Unterrichtspraxis

Dagmar Witschas / Brigitte Stiefenhofer

# Kreatives Schreiben

## 5./6. Jahrgangsstufe

### Techniken - Tipps - Schülerbeispiele

pb -Verlag



ISBN 3-89291-**910**-0

Deutsch

**Die Gestaltung von Briefen**

**1. Äußere Form**

- Verwende sauberes **Briefpapier** !
- Schreibe mit dem **Füller** !
- Vermeide **Verschreiben und Streichen** !
- Setze wichtige Briefe **zuerst auf** !
- Lasse rechts und links einen **Rand** !
- Briefkopf:
  Oben rechts **Ort und Datum** angeben!
  Zeile frei!
  Beginne am linken Rand mit der **Anrede** !
  Zeile frei!
  Beginne mit dem **Text** !

**2. Der Brieftext**

- Gliedere in **Einleitung, Hauptteil und Schluss** !
- Bei der Einleitung **knüpfe an** einen vorausgegangenen Brief, ein Telefonat usw. an!
- Im Hauptteil schreibe alle **wesentlichen Mitteilungen** !
- Verabschiede dich am **Schluss** !
- Untergliedere den Text in **Sinnabschnitte** !
- Anrede:
  - bei guten Bekannten: **Liebe ..., Lieber ...**
  - bei offizieller Anrede: **Sehr geehrter Herr, Sehr geehrte Frau**
- Nach der Anrede kommt entweder ein **Rufzeichen** ; dann schreibe groß weiter, oder ein **Komma** ; dann geht es klein weiter!
- Anredefürwörter:
  - schreibe **klein** alle vertraulichen Anredefürwörter, wie du, dein, euch, ihr, euch, ...
  - schreibe **groß** alle Höflichkeitsanreden wie Sie, Ihr, Ihren, ...
- Schlussformeln für den Gruß:
  - bei Nahestehenden: **Mit herzlichen Grüßen, dein ...** **Viele liebe Grüße**
  - bei Fernerstehenden: **Mit freundlichen Grüßen Ihr ...**

## Inhaltsübersicht:

Wichtige Regeln für den sachlichen Aufsatz
Sprache ohne Sprechen

**Miteinander reden: Vorstellung/Entschuldigung/Telefonat**
Wir brauchen Gesprächsregeln!
Die Diskussion
Meinungen äußern und begründen

**Beschreibungen: Voraussetzungen/Vorschläge/Regeln**
Was sind Wolpertinger?
Übungsblätter: Wir beschreiben Menschen/Autos
Wie flickt man einen Fahrradschlauch?
Ein Auto, von Luft angetrieben
Wie backe ich Pfannkuchen?
Wie spielt man Mühle?
Wie komme ich zum Freibad?
Fahrrad gestohlen!
Katze gesucht!

**Bericht: Was ist ein Bericht?/Vorschläge/Prüfliste**
Unser Sportfest
Wie geschah der Unfall in der Schulstraße?

**Praktische Darstellungsweisen**
Schreib' mal wieder
Die Gestaltung von Briefen
Der Brief (Einführung)
Wie gestalten wir einen Brief?
Wir schreiben Postkarten

**Niederschriften: Inhalte/Voraussetzungen/Erarbeitung**
Wir untersuchen Wasser
Wir wollen sauberes Wasser!
Wie funktioniert die Warmwasserheizung?
Wasser trägt Berge ab
Land aus dem Meer
Ein Bronzeschwert wird gegossen!
Warum können wir uns bewegen?

**Aufsatz 5/6 Band I**
**Nr. 242** *130 S.* **DM 34,90/ €17,84**

## Inhaltsübersicht:

**A: MÜNDLICHER SPRACHGEBRAUCH**

**Vorlesen und Vortragen**
1. Wie können wir ausdrucksvoll vorlesen und vortragen?
2. Mit jedem redest du anders
3. Stücke zum Vortragen
   - Karawane
   - Peter und das Echo
   - Fink und Frosch
   - In der Apotheke
4. Wir spielen ohne Worte
5. Wir spielen Personen/Rollen
6. Die Parkbank (Stegreifspiel)
7. Wir spielen nach einem Text
   - Wie Eulenspiegel in die Luft schaute
   - Seltsamer Spazierritt

**B: SCHRIFTLICHER SPRACHGEBRAUCH ERZÄHLENDE SPRACHGESTALTUNG**

**Erlebniserzählungen**
1. Vorschläge für den Unterricht
2. Kleines Einmaleins des Aufsatzschreibens
3. Übersicht Erzählungen
4. Prüfliste für Erzählungen
5. Angst gehabt
6. Zu spät gekommen
7. Ein Erlebnis mit einem Tier

**Bildergeschichten**
1. Die Bildergeschichte
2. Geschichten mit Bildern
3. Der Affe ist los
4. Die neidischen Männchen
5. Die Fliegenjagd
6. Vorgetäuschte Kraft
7. Peters Streich am Putztag

**Phantasieerzählungen**
1. Die Phantasieerzählung
2. Wir erfinden Geschichten
3. Die Nacht in der Scheune
4. Was ist eine Lügengeschichte?
5. Lügengeschichten
   - Auf Safari
   - Die Sprungschanze
   - Geschichten nach Bildern
6. Münchhausen
7. Till Eulenspiegel nimmt alles wörtlich
8. Ein Fahrrad klagt
9. Mit der Zeitmaschine in die Steinzeit
10. Die Krähe und der Krug (Fabel)
11. Wir verfassen eine Fabel

**Nacherzählungen**
1. Die Nacherzählung
2. Textvorlagen
   - Das Bäumchen
   - Seltsamer Spazierritt
   - Der Nordwind und die Sonne

**Aufsatz 5/6 Band II**
**Nr. 243** *130 S.* **DM 34,90/ €17,84**

## Inhaltsübersicht:

Witze zusammensetzen
Aufschneiden macht Spaß
Warum ist die Banane krumm?
Werbesprüche erfinden
Auf dem Jahrmarkt
Wohin damit?
Das Märchen von der Farbe Rot
Wir erfinden Märchen
Wir bearbeiten eine Fabel
Gute Ausreden
Wir erzählen eine Geschichte nach
Schreckspinne
Ein Abenteuer im Dschungel
Abenteuer unter Wasser
Verirrt
Wenn der Schulbus erzählen könnte
Muskelmanntrainingsprogramm
Nikolausgeschichten
Es weihnachtet
Telegramme
Dracula hat Zahnweh
Friedensangebote
Stars live
Der rasende Reporter
Feuerspeidrachenfutter
Speisen erfinden
Das Traumhaus
Krank sein ist nicht schön
Vorlieben begründen
Zähne putzen ist wichtig
Warum ein Vogel? / Warum kein Vogel?
Du bist der Wetterfrosch
Regeln / Baderegeln

**So macht Aufsatz Spaß**
**Nr. 495** *70 S.* **DM 26,90/ €13,75**

**Abgeschminkt**

- *Schau dir das Bild an und schreibe spontan auf, was dir dazu einfällt!*
- *Erfinde eine Geschichte! Wenn du magst, erzähle, wie die beiden heißen. Was haben sie vor? Erkläre doch, warum sie sich die englische Fahne ausgesucht haben!*
- *Beschreibe, was die beiden unmittelbar, bevor diese Aufnahme gemacht wurde, getan haben!*
- *Dies sind Frederike und Denise. Sie sind mit der Fotografin unterwegs. Natürlich haben sie eine Menge Spaß bei der Arbeit. Berichte, womit sie beschäftigt sind!*
- *Vorstellbar wäre ja, dass sie geschminkt sind, weil Karneval ist! Du hast sicher auch schon einmal Karneval gefeiert. Erzähle, wenn du Lust hast!*

## Inhaltsübersicht:

- Tier und Pflanze
- Sätze und Geschichten
- Worte und Orte
- Sinn und Unsinn
- Sprüche und Wörter
- Blau
- Grün
- Made in
- Warum
- Ohrfeigen und Backpfeifen
- Morgen/Abend im Spital
- Die Maus im Jumbo-Jet
- Endlich
- Pause
- Abgeschminkt
- Äpfel
- Das Steinhaus
- Bauchtanz
- Ich gehe in die Schule
- Wassermusik
- Das Schlüsselloch
- Der Hinterhof
- Das Schloss
- Mensch und Umwelt
- La dolce vita
- Das Haus im Wasser
- Klein Daumpfchen
- Worte und Geschichten
- Nach der Schule
- Ernst oder Spiel?
- Einzelteile
- Das Riesenei
- Kindertransport
- Elefant & Co.
- Meine Schuhe
- Kuscheltiere
- Das Gepäck
- Abenteuer und Freiheit
- Oma
- Ein, zwei, drei, vier, fünf
- Das unschuldige Gewissen
- Der seltsame Fisch
- Das Telefongespräch
- Das Laufrad
- Der Fahrradstuhl
- Das Hotel
- Sonnenuntergang
- Das Auto
- Müde?
- Halloween
- Erstes Flaschenpostamt der Welt
- Die Mausefalle
- King Kong
- Rotkäppchen?
- Weihnachten?
- Das Kamel
- Gerettet?
- Vielwörterei

**Aufsatz-mal anders 5./6.**
**Nr. 975** *62 S.* **DM 24,90/ €12,73**

# Vorwort

*So intensiv zu leben*
*wie nur möglich,*
*liegt nicht dort im Endeffekt das Ziel*
*unserer Anstrengungen*
*und sollte es nicht die wesentliche Aufgabe*
*der Schule sein,*
*die optimalen Möglichkeiten*
*zu entwickeln,*
*um dieses Ziel zu erreichen?*

*(Celestin Freinet)*

Intensiv leben heißt bewusst leben, heißt seine Bedürfnisse ausleben, aber auch zu hinterfragen, heißt das Ansprechen ***aller*** Sinne.

Unsere Schüler gestalten ganz selbstverständlich ihre Freizeit nach diesen Maximen, begegnen in der Schule aber nur selten solchen kreativitätsfördernden Arbeitsbedingungen. Die vorwiegend kognitive Ausrichtung des Unterrichts wird entsprechend unbefriedigend empfunden und so treffen wir immer häufiger auf unzufriedene Schüler und überforderte Lehrer.
Auf der Suche nach idealen Unterrichtsbedingungen erinnert man sich nun wieder reformpädagogischer Methoden, die auf die Ganzheit des Menschen ausgerichtet sind. So erfährt auch das Gedankengut Celestin Freinets, des Begründers der Schuldruckerei und des freien Schreibens, neue Wertschätzung. Er propagierte schon zu Beginn dieses Jahrhunderts das personale, bedürfnisorientierte Schreiben von Texten und deren selbstverantwortete Veröffentlichung.
Genauso motiviert wie Freinets Schüler damals arbeiteten, weil sie eigenständig tätig sein konnten und ihre Werke Wertschätzung erfuhren, werden die Schüler von heute bei der Umsetzung der in diesem Heft vorgestellten Techniken sein.

Und nun genug der Worte. Die Taten zählen!

Viel Freude und Erfolg beim kreativen Schreiben mit Ihren Schülern
wünschen Ihnen die Autoren und der Verlag.

# Inhaltsverzeichnis

# 1. Einführung

## 1.1 Was ist „Kreatives Schreiben“?

„Kreatives Schreiben“ ist keineswegs eine neu entwickelte Form des schriftlichen Sprachgebrauchs. Die Wurzeln dieser Schreibform reichen bis in die *Reformpädagogik* zurück. Damals propagierte C. Freinet das Schreiben *bedürfnisorientierter* Texte, die dem Schüler die Freiheit bei der Wahl des Themas, der Form, des Zeitpunktes, des Ortes und der Präsentation ließen und die nicht benotet wurden. Diese *subjektive, individuelle* Methode rückt also die *situativen, affektiven* und *intellektuellen* Bedürfnisse des Jugendlichen in den Mittelpunkt. Natürlich sind Freinets Forderungen in unseren Schulen aus organisatorischen und rechtlichen Gründen nicht erfüllbar, ganz abgesehen davon, dass unsere Schüler ohne die Vermittlung von Schreibtechniken, unterstützenden Differenzierungsmaßnahmen und Hilfestellung des Lehrers gerade in der Kennenlernphase solcher Schreibtechniken überfordert wären. Allerdings sollten zunehmend die *thematischen und gestalterischen Impulse von den Kindern ausgehen*, denn nur so kann es sich bei den kreativen Schreibakten um persönlichkeitsbildende Ausdrucksformen handeln. Es geht hier also um eine *offene Unterrichtsmethode*, die von *Schülerselbsttätigkeit* und *-eigenverantwortlichkeit* geprägt ist. Ein erfolgreiches Arbeiten in diesem Bereich steht in Korrelation mit einem *sozial-integrativen Unterrichtsstil* und *demokratischem Klassenklima*. Beim kreativen Arbeiten wird aus dem Müssen ein Wollen. Die Schüler sollen in *verschiedenen Sozialformen* arbeiten können und selbstständiges Problemlösen gewöhnt sein. Sinnvoll erscheint die gemeinsame Erstellung von *„Schreibwerkstattregeln“*, denn nur diszipliniertes Arbeiten lässt jeden zu seinem Recht kommen. Günstig wäre die Schaffung mehrerer *Rückzugsmöglichkeiten* für die Schüler (z.B. Gruppenraum, Musikraum, Schulgarten ...), um möglichst jedem Einzelnen zu seiner idealen Arbeitsatmosphäre zu verhelfen. Viele Kinder erleben es als kreativitätsfördernd, wenn während des Schreibens *meditative Hintergrundmusik* abgespielt wird.

## 1.2 Ziele des „Kreativen Schreibens“

Kreatives Schreiben will den jungen Menschen in seiner Ganzheit ansprechen und in vielfacher Hinsicht seine Handlungskompetenz fördern. Neben der Sprech-, Schreib- und Spielfähigkeit soll auch die interpersonelle Kommunikation verbessert werden. Außer der Freude am Schreiben soll der Schüler einerseits seine Träume und Fantasien ausleben können, andererseits aber auch in einer sensiblen und bewussten Wirklichkeitserfassung unterstützt werden. Nicht zuletzt erhofft man sich durch die Anwendung dieser offenen Unterrichtsmethode eine Verbesserung der Sozialkompetenz. Diese subjektorientierte Form der Textproduktion ist eine Chance, den situativen und emotionalen Bedürfnissen der Schüler zum Ausdruck zu verhelfen - im wahrsten Sinne des Wortes - und damit die Ausgeglichenheit, Zufriedenheit, Konzentration und Arbeitsfreude zu fördern.

## 1.3 Didaktische Orte des „Kreativen Schreibens“

„Kreativ mit Sprache umgehen“ ist ein eigenständiger Gliederungspunkt des Deutschbereiches „Sprechen und Schreiben“ in den Jahrgangsstufen 5-10. Somit liegt im Deutschunterricht der Schwerpunkt der kreativen Spracharbeit und auch die Verpflichtung des Lehrers, sie anzuleiten. Darüber hinaus zeigt die folgende Übersicht weitere dienstbare didaktische Einsatzorte:

**Kreatives Schreiben**

**Im Deutschunterricht**
- Als eigenständiger Bereich im Aufsatzunterricht
- Als Methode in den anderen Deutschbereichen (z.B. Literaturunterricht)

**In anderen Unterrichtsfächern**
- z.B. GSE: Cluster als Einstieg

**In Projekten und Aktionen**
- z.B. Jugendbucharbeit: Fortschreibegeschichten

**Bei außerschulischen Veranstaltungen**
- z.B.Schullandheim,nach Wanderungen Betriebserkundungen etc.: Namensgedichte, ABC-Geschichten

**Vor und zwischen den Stunden**
- z.B. Schreibmeditation zu Bildern als Morgenbesinnung, Schreibspiele in der Pause, Klassentagebuch führen am Ende des Schultages.

## 1.4 Praxistipps für den Erfolg im kreativen Schreibunterricht

- *Probieren Sie* alle Schreibtechniken *selbst* aus, bevor sie im Unterricht Anwendung finden. Nur so erkennen Sie Schwierigkeiten und können geeignete Differenzierungsmaßnahmen für Ihre Klasse entwickeln. Seien Sie auch während der Schreibphasen im Unterricht selbst textproduktiv, sofern kein Schüler Ihre Unterstützung braucht. Auf diese Weise tragen sie zu einer konzentrationsfördernden, harmonischen Schreibatmosphäre bei.
- Sammeln Sie *Bilder* und *Schreibanlässe* und erstellen sie daraus Karteien für Ihre Schüler. So haben Sie genügend Material an der Hand, um differenzieren zu können bzw. Schüler zum Schreiben zu motivieren, die sich mit einer gestellten Aufgabe nicht anfreunden können. Außerdem eignen sich diese Arbeitsvorschläge hervorragend, um unterrichtliche Leerlaufphasen zu überbrücken.

- Verhelfen Sie Schülern, die nicht wissen, was sie schreiben sollen, zum *Erfolgserlebnis*, indem Sie sich selbst als Helfer zur Verfügung stellen, zur Gruppenarbeit animieren oder den Schüler selbst eine andere Aufgabe wählen lassen.

- Viele *Probleme* können durch das gemeinsame Entwerfen von Schreibwerkstattregeln zum Schuljahresanfang verhindert werden. Diese könnten beispielsweise folgende Punkte thematisieren:

**Schreibwerkstattregeln:**

1. Kreatives Schreiben ist *freiwilliges* Schreiben! Natürlich erfolgt auch das Vorlesen bzw. Ausstellen der Arbeiten freiwillig.

2. Wir *stören niemanden* beim Schreiben!

3. Wir vermeiden Lärm.
   Bei Gruppenarbeiten sprechen wir *leise*!

4. Wenn wir über Mitschüler schreiben, *vermeiden* wir *verletzende Äußerungen*, insbesondere, wenn wir die Arbeiten vorlesen.

5. Wir bemühen uns um eine *saubere Schrift* und eine *ansprechende Darstellung* unserer Texte.

6. Texte, die wir zum Aushang oder zur Veröffentlichung abgeben, lassen wir *rechtschriftlich nachkorrigieren*.

- Unterstützen Sie die Schreibatmosphäre durch *angenehme Lichtverhältnisse* und gedämpfte, *meditative Hintergrundmusik*.

- Bei vielen Techniken erfahren die Schülerarbeiten eine erhebliche Aufwertung, indem sie in einer unüblichen *grafischen Darbietung* präsentiert werden, z.B.:
  * Texte im Computer schreiben und in einer besonderen Schrift, in unterschiedlichen Schriftgrößen oder zentriert ausdrucken.
  * Texte kalligrafisch gestalten lassen (eine Einführung kann im Kunsterziehungsunterricht erfolgen!).
  * Texte mit Zeichnungen versehen.
  * Texte einrahmen.
  * ...
- Leisten Sie entsprechende Wertschätzung der Schülerwerke durch
  * Lob, Motivation, Akzeptanz
  * Ausstellungen im Klassenzimmer und bei Schulfesten
  * Sammeln gelungener Werke in Klassenlesebüchern
  * Bewertung von drei Arbeiten pro Vierteljahr, die jeder Schüler selbst auswählt.

Ein Problem stellt die Benotung dar. Einerseits verbietet sich bei subjektiven Texten, die freiwillig erstellt und vom Lehrer nur mit Einverständnis des Schülers eingesammelt, vorgelesen und veröffentlicht werden, eine Benotung. Andererseits nimmt das kreative Schreiben innerhalb des Deutschbereichs „Sprechen und Schreiben“ einen so großen Raum ein, dass bei Nichtbenotung der Arbeiten ein Nachteil wegen geringer Notenzahlen zu befürchten ist. Ein Kompromiss könnte so aussehen, dass die Schüler pro Vierteljahr drei ihrer gefertigten Arbeiten auswählen, die sie dem Lehrer freiwillig zur Benotung zur Verfügung stellen.

- Die theoretische Beschreibung von kreativen Schreibtechniken ist für unsere Schüler oft schwer in die Praxis umsetzbar, weil es ihnen am nötigen logischen bzw. abstrakten Denkvermögen mangelt. Deshalb ist es immer von Vorteil, Einführungen an Hand von Beispielen vorzunehmen (deshalb werden im vorliegenden Band so viele angeboten!). In der Produktionsphase sollte in der Regel der Beispieltext nicht zugänglich sein, damit die Fantasie der Schüler nicht gegängelt wird.

## 1.5 Literaturvorschläge

### 1.5.1 Literatur über theoretische Grundlagen mit Praxisvorschlägen


Brenner, Gerd: „Kreatives Schreiben“, Cornelsen Verlag, 1994

Merkelbach, Valentin: „Kreatives Schreiben“, Westermann Verlag 1995

Schuster Karl: „Das personal-kreative Schreiben im Deutschunterricht”, Schneider Verlag, Hohengehren, 1995


### 1.5.2 Unterrichtsmaterialen der Freiarbeitsverlage für die Unterrichtspraxis


Kasper, J: „Schreib los - Bildimpulse für freie Schülertexte“
Bestelladresse: Pädagogik-Kooperative, Goebenstr. 8, 28209 Bremen.

Kasper, J: „Freies Schreiben - sich frei schreiben“, Verlag Kaleidoskop
Schreibbeispiele, die die Schreibanlässe der ‘Schreib-los-Kartei’ sinnvoll ergänzen.
Bestelladresse: Josef Kasper, Lahnbecke Str. 97, 45307 Essen.

Hövel, W.: „Techniken für freie Texte?“ In Deutsch und Englisch.
Bestelladresse: Pädagogik-Kooperative (s.o.)
oder beim Verlag an der Ruhr, Postfach 102251, 45422 Mühlheim/Ruhr
(Titel: „Techniken für freie Texte“).

Syme, Christine: „Kreativer Schreiben“, Verlag a.d. Ruhr, Best.-Nr. 0942

Hövel, W.: „Literatur handlungsorientiert. Warum nicht?“
Bestelladresse: Pädagogik-Kooperative.

Hering, J.: „Vorhang auf - Gedichte“
Bestelladresse: Pädagogik-Kooperative.

Rusterholz, B.: „Text- und Geschichtenwerkstatt“, Verlag a.d. Ruhr, Best.-Nr. 2146.

Sandrock/Tatz: „Begegnungen“, eine Kartei zum kreativen Schreiben und Erkunden, Westermann Verlag, Braunschweig 1996

### 1.5.3 Literatur mit Vorschlägen für Fantasiereisen

Teml, Helga und Hubert: „Komm mit zum Regenbogen“, Veritas Verlag

Müller, Doris: „Phantasiereisen im Unterricht“, Westermann Verlag

Brunner, Reinhard: „Hörst Du die Stille?“, Kösel-Verlag

Müller, Else: „Du spürst unter deinen Füßen das Gras“, Fischer TB

Müller, Else: „Auf der Silberlichtstraße des Mondes“, Fischer TB

Müller, Else: „Du fühlst die Wunder nur in dir“, Fischer TB

Müller, Else: „Träumereien auf der Mondschaukel“, Kösel-Verlag

Müller, Else: „Inseln der Ruhe“, Kösel-Verlag

Murdock, Maureen: „Dann trägt mich meine Wolke“, Bauer Verlag

Portman/Schneider: „Spiele zur Entspannung und Konzentration“, Don Bosco

### 1.6. Musikvorschläge für Meditation, Fantasiereisen und Begleitmusik für die Arbeitsphasen

Kitaro - Silk Road - Oasis - In Person - Ki, Tunhang - Best of ...

Phil Coulter - Classic Tranquility - Sea Tranquility

Deuter - Celebration ...

Mike Rowland - The Brighter Side - Titanic - The Fairy Queen ...

George Winston - Summer, Winter ...

Suzanne Ciani - History in my heart

Gomer E. Evans - Winds of Summer - PLS Verlag GmbH

LUNA - moving moments - Meistersinger Musik - Nightingale Records

Karunesh - sky's beyond - Meistersinger Musik - Nightingale Records

Island of Dreams - Blue Flame Records

Music of Relaxation - Cassetten- und Musikverlag G. u. W. Zimmermann

Music Mantras und Music Mantras 2 - Verlag Hermann Bauer

Vangelis - Heaven and Hell

Jean Michael Jarre - Oxygene - Polydor PD-1-6112

**Name der Technik:**

# Hallo ich heiße ...!

**Lehrplanbezug:** Kreativ mit Sprache umgehen
- spielerisch mit Sprache umgehen, z.B. Kontaktspiel

## Beschreibung der Technik:

Die Schüler schreiben ihren Vornamen in Großbuchstaben untereinander und verwenden sie nun als Anfangsbuchstaben von Wörtern, die ihre eigene Person charakterisieren.
Wie kreativ diese Aufgabe gelöst werden kann, sieht man an folgenden Beispielen.

**Differenzierung:**

Ausweitung der Technik durch Hinzunahme des Nachnamens

**Tipp:**

Diese kreative Schreibform eignet sich sowohl am Schuljahresanfang zum gegenseitigen Vorstellen der Schüler (Schüler beschreibt sich selbst) als auch im Laufe des Schuljahres zur gegenseitigen Beschreibung (Schüler beschreibt einen Mitschüler).

## Schülerbeispiele:

**A** NDREAS
**N** ASCHT
**D** IE
**R** ESTE
**E** INIGER
**A** PFELKUCHEN.
**S** O ALSO BIN ICH

**F** ABIAN IST EIN GROßER FAN VOM FC
B **A** YERN.
**B** RIGITTE
**I** ST DAVON
**A** UCH GUT
I **N** FORMIERT.

**T** HOMAS
**H** AT
**O** FT
**M** IT
**A** LEX
**S** TREIT

**S** TEPHAN HEIßE ICH.
**T** IERE MAG ICH GERN.
**E** SSE GERNE EIS (TIRAMISU).
**P** APA NENNT MICH IMMER STOFFEL.
IC**H** HABE EINEN BRUDER (8 JAHRE) UND EINE SCHWESTER (5 MONATE).
**A** M 21. 3. 84 BIN ICH GEBOREN.
**N** ACHTS SCHLAFE ICH WIE JEDER ANDERE MENSCH AUCH.

## Name der Technik:

# Ein Wort und viele Gedanken

**Lehrplanbezug:** Kreativ mit Sprache umgehen
- Schreibbeispiel
- Formen des freien Schreibens erproben

## Beschreibung der Technik:

Den Schülern wird ein Begriff vorgegeben, der für sie mit Sicherheit Signalcharakter hat (z.B. Schullandheim, Weihnachten, Urlaub, Ferien, Geburtstag, Advent ...).

Das Wort wird nun vertikal in Großbuchstaben aufgeschrieben. Zu jedem Anfangsbuchstaben sucht nun der Schüler ein Wort (Ausdruck/Teilsatz/Satz), der mit dem Ausgangsbegriff in Zusammenhang steht.

**Tipps:**

1. Das Finden von Einzelbegriffen ist oft schwieriger als das Bilden von Sätzen oder Teilsätzen

2. Diese Technik kann als Stundeneinstieg in allen Fächern oder als Möglichkeit der Reflexion eingesetzt werden.

## Schülerbeispiele:

**Tipp für Kreative:** Die Buchstaben müssen nicht immer am Wortanfang stehen.

| | | |
|---:|:---:|:---|
| NICHT | **F** | RÜH AUFSTEHEN |
| R | **E** | ISELUST |
| JEDEN TAG INS F | **R** | EIBAD GEHEN |
| KE | **I** | NE SCHULE |
| ZEIT FÜR FR | **E** | UNDE |
| | **N** | ATÜRLICH EIS ESSEN |

*Manuela*

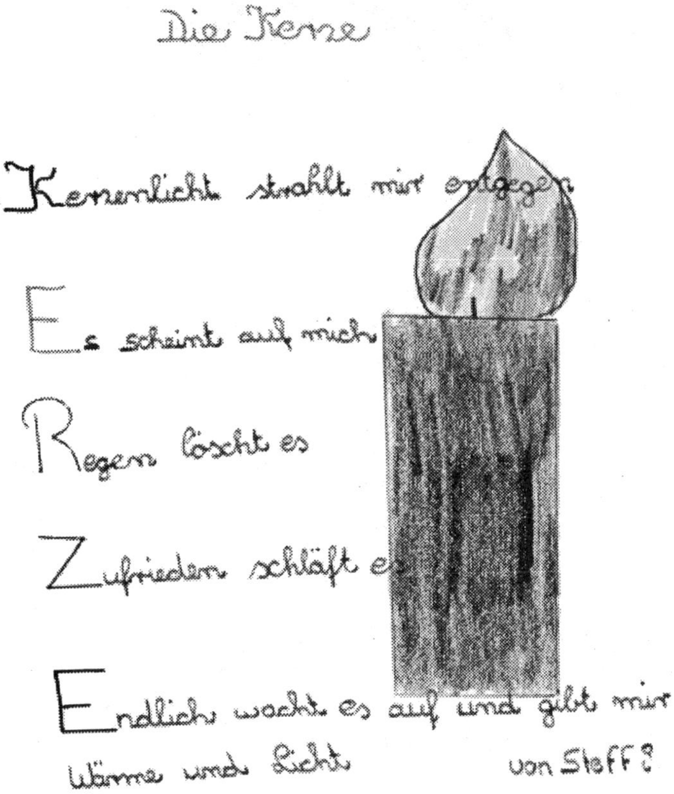
Die Kerze
Kerzenlicht strahlt mir entgegen
Es scheint auf mich
Regen löscht es
Zufrieden schläft es
Endlich wacht es auf und gibt mir
Wärme und Licht
von Steff

Im Herbst ist es windig.
Es fliegen die Blätter.
Rote und gelbe, braune und grüne.
Es gibt Birnen, und Nüsse.
Kinder lassen Schöne in den Himmel steigen
Es gibt Tausend schöne Dinge im Herbst.

Alles ist geschmückt
Die Kinder singen Lieder
Stille Nacht
Vor der Tür wartet der Nikolaus
Es ist still
Noch 2 Stunden bis zur Bescherung
Tausend Schneeflocken fallen vom Himmel

## Name der Technik:

# ABC-Begriffspiel

**Lehrplanbezug:**

Kreativ mit Sprache umgehen
- spielerisch mit Sprache umgehen

Die individuelle Rechtschreibleistung verbessern
- Wörter nachschlagen
- rechtschriftliche Lösungshilfen anbieten

## Beschreibung der Technik:

Der Schüler schreibt die Buchstaben des Alphabets (A-Z) untereinander an den linken Rand eines Blattes. Nun soll er zu jedem Buchstaben einen Begriff suchen, der sich an der Themenstellung orientiert.

### Differenzierung:

- Man einigt sich innerhalb der Klasse auf ein gemeinsames Thema (z.B. Speise-ABC, Schullandheim-ABC, Natur-ABC, Tier-ABC, Städte-ABC ...).

- Das Wortspiel kann auch in Partner- oder Gruppenarbeit mit Wettbewerbscharakter durchgeführt werden..

- Besonders bei schwierigen Buchstaben (z.B. Q, X, Y) kann das Wörterbuch eine große Hilfe sein.

## Schülerbeispiele:

**Lieblingsgerichte-ABC**

**A**pfelstrudel
**B**rathähnchen
**C**hilli con Carne
**D**ampfnudeln
**E**ierpfannkuchen
**F**ischstäbchen
**G**rießnockerl
**H**amburger
**I**rish Stew
**J**ogurteis
**K**ässpätzle
**L**eberknödelsuppe
**M**üsli
**N**udelauflauf
**O**bstkuchen
**P**ommes Frittes
**Q**uarktorte
**R**aclette
**S**pagetti
**T**opfenstrudel
**U**ngarisches Gulasch
**V**anillesoße
**W**iener Schnitzel
**X**oi Nuoc Dir A (Gedämpfter Klebreis in Kokoscreme)
**Y**amswurzelgemüse
**Z**wetschgendatschi

**Lieblingstiere-ABC**

**A**ffe
**B**är
**C**hamäleon
**D**inosaurier
**E**lefant
**F**isch
**G**iraffe
**H**ase
**I**gel
**J**aguar
**K**rokodil
**L**aus
**M**aus
**N**ilpferd
**O**rang-Utan
**P**anter
**Q**ualle
**R**abe
**S**chlange
**T**intenfisch
**U**hu
**V**ogel
**W**al
**X** andere Tiere
**Y**ak
**Z**ebra

*Andre, Maria und Viktoria*

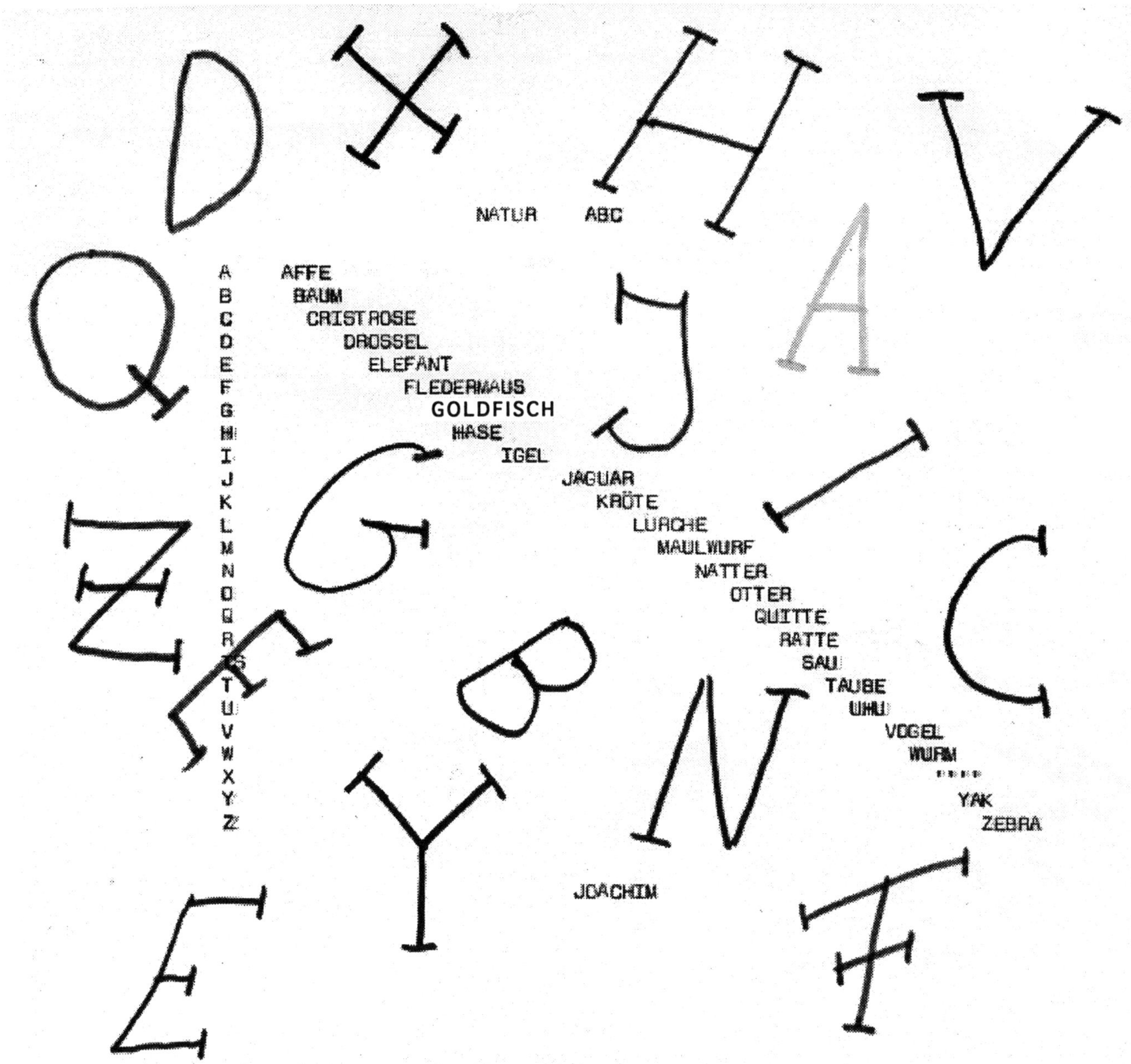

NATUR
ABC
A
B
C
D
E
F
G
H
I
J
K
L
M
N
O
Q
R
S
T
U
V
W
X
Y
Z
AFFE
BAUM
CRISTROSE
DROSSEL
ELEFANT
FLEDERMAUS
GOLDFISCH
HASE
IGEL
JAGUAR
KRÖTE
LURCHE
MAULWURF
NATTER
OTTER
QUITTE
RATTE
SAU
TAUBE
UHU
VOGEL
WURM
YAK
ZEBRA
JOACHIM

## Name der Technik:

# ABC-Assoziationen

**Lehrplanbezug:** Kreativ mit Sprache umgehen
- spielerisch mit Sprache umgehen

## Beschreibung der Technik:

Der Schüler schreibt die Buchstaben des Alphabets (A-Z) untereinander an den linken Rand eines Blattes.
Nun soll er zu jedem Buchstaben einen Satz oder Teilsatz formulieren, der sich an der Themenstellung orientiert.

### Differenzierung:

- Man einigt sich innerhalb der Klasse auf ein gemeinsames Thema (z.B. Was-ich-mag-ABC, Was-ich-nicht-will-ABC, Advents-ABC, Ich-wünsche-mir-ABC, Familien-ABC, Freizeit-ABC ...).

## Schülerbeispiele:

### Was-mir-nicht-gefällt-ABC

**A**lte Kleider von meiner Schwester tragen müssen
**B**uchstaben, weil man sie schreiben muss
**C**haos in meinem Zimmer
**D**aniels Ratte
**E**ine Probe schreiben
**F**ußball
**G**rausam sein
**H**aare kämmen
**I**n schönen Kleidern spazieren gehen
**J**ungen, die angeben
**K**rank sein.
**L**autes Geschrei im Unterricht
**M**asern
**N**oten, die schlecht sind
**O**pern im Fernsehen
**P**ause im Winter
**Q**uälerei von Tieren
**R**aumschiffe
**S**charfes Essen
**T**raurige Geschichten
**U**-Bahn
**V**ogelnester plündern.
**W**eihnachten ohne Oma
**X**-Beine
**Y**psilon
**Z**u viele Mathematikhausaufgaben

*Jessica*

**Was ich mag**

**A**bends lang aufbleiben
**B**äume, die schön groß sind, dass ich darauf klettern kann
**C**haos auf den Straßen.
**D**a sein, wo es mir gefällt
**E**lefanten im Zoo anschauen
**F**leißig Schlagzeug lernen
**G**ute Verstecke
**H**amburger essen
**I**m Flugzeug fliegen
**J**edes Abenteuer
**K**eine langen Reisen
**L**ampen, die schön sind
**M**eine Mami
**N**eugierig sein
**O**riginelle Autos
**P**api, meinen alten Freund
**Q**uakende Frösche
**R**auchende Kamine
**S**chnell einschlafen
**T**ruhen, die alt und geheim sind
**U**rlaubsreisen (siehe K)
**V**ersteckte Schätze
**W**hirlpool
**X**-mal (siehe H)
**Y** sicher nicht
**Z**apfen, die aus Eis sind und an unserem Wintergarten hängen.

*Robert*

**Name der Technik:**

# ABC-Geschichten

**Lehrplanbezug:** Kreativ mit Sprache umgehen
- spielerisch mit Sprache umgehen

**Beschreibung der Technik:**

Hier handelt es sich um eine anspruchsvolle Variante der ABC-Technik, denn die Sätze zu jedem Buchstaben sollen eine sinnvolle Geschichte, passend zumThema, ergeben.

Bei dem Thema „Schule" könnte das Ergebnis folgendermaßen aussehen:

**Schülerbeispiel:**

**ABC-Schulgeschichte**

**A** chtung, die Lehrerin kommt!
**B** löd - ausgerechnet jetzt,
**C** hristine hat doch die Hausaufgaben noch nicht abgeschrieben.
**D** ass sie die aber auch nie zu Hause macht.
**E** inmal hat sie sogar geschwänzt!
**F** rechheit!
**G** eschieht ihr recht, wenn das rauskommt.
**H** offentlich wird sie zuverlässiger.
**I** ch möchte den Unterricht beginnen. Ruhe!
**J** a gibt's denn das?
**K** einer hat die Hausaufgaben verstanden?
**L** eicht war sie wirklich nicht.
**M** athematik ist nicht gerade euer Lieblingsfach!
**N** icht ratschen. Aufpassen!
**O** rganisiert doch Lerngruppen.
**P** ausenläuten - verging die Zeit schnell!
**Q** uer durch die Pausenhalle zum Bäcker.
**T** oll, jetzt hab ich gerade noch die letzte Brezel erwischt.
**U** nglaublich wie alle drängeln!
**V** ielfraß!
**W** ahrscheinlich hat sie wieder mal nicht gefrühstückt.
**X** -mal hat uns doch unsere Biolehrerin schon erklärt, wie wichtig das Frühstück ist.
**Y** vonne hat halt am Morgen einfach keinen Appetit.
**Z** um Glück komme ich dran und brauche mir das Geschwätz nicht länger anhören.

*Cordula*

**Name der Technik:**

# Cluster = Ideenstern = Gedankenschwarm (Schriftliches Brainstorming)

**Lehrplanbezug:** Kreativ mit Sprache umgehen
- Formen des freien Schreibens erproben

## Beschreibung der Technik:

Jeder Schüler nimmt ein leeres Blatt. Er erhält den Auftrag, ein Wort, einen Ausdruck oder einen Satz in die Mitte des Blattes zu schreiben.
Dieses Wort (Ausdruck/Satz) rahmt der Schüler mit einem Kreis ein. Dieser erste Kreis wird nun zum Mittelpunkt/Ausgangspunkt für das Schreiben.
Jetzt soll der Schüler aufschreiben, was ihm spontan zu dieser zentralen Aussage einfällt. Dabei sollte er sich möglichst kurz fassen.
Begriffe, die sich aufeinander beziehen, werden beim Cluster (nicht jedoch beim Ideenstern) nach dem Einkreisen durch Striche miteinander verbunden. Ist der Schüler mit einer Begriffskette / mit einem Gedankengang fertig, beginnt er - von der zentralen Aussage ausgehend - mit einer neuen Kette (Strahl). So entsteht mit der Zeit eine Reihe von Gedankenkonstruktionen zu einer bestimmten Ausgangssituation.
Somit wird die Technik in dieser Form (= schriftliches Brainstorming) häufig Einsatz finden zur Einstimmung auf ein Unterrichtsthema.

### Differenzierung:

- Diese Technik kann auch in Partner- oder in Gruppenarbeit Anwendung finden.
- Die Schreibform kann als Grundlage für weitere Formen der schriftlichen Sprachgestaltung dienen, z.B.
  * aus einer Wortreihe ein Gedicht oder eine Geschichte schreiben,
  * aus den Assoziationen ein Gedicht oder eine Geschichte schreiben (es müssen nicht alle verwendet werden).

## Schülerbeispiele:

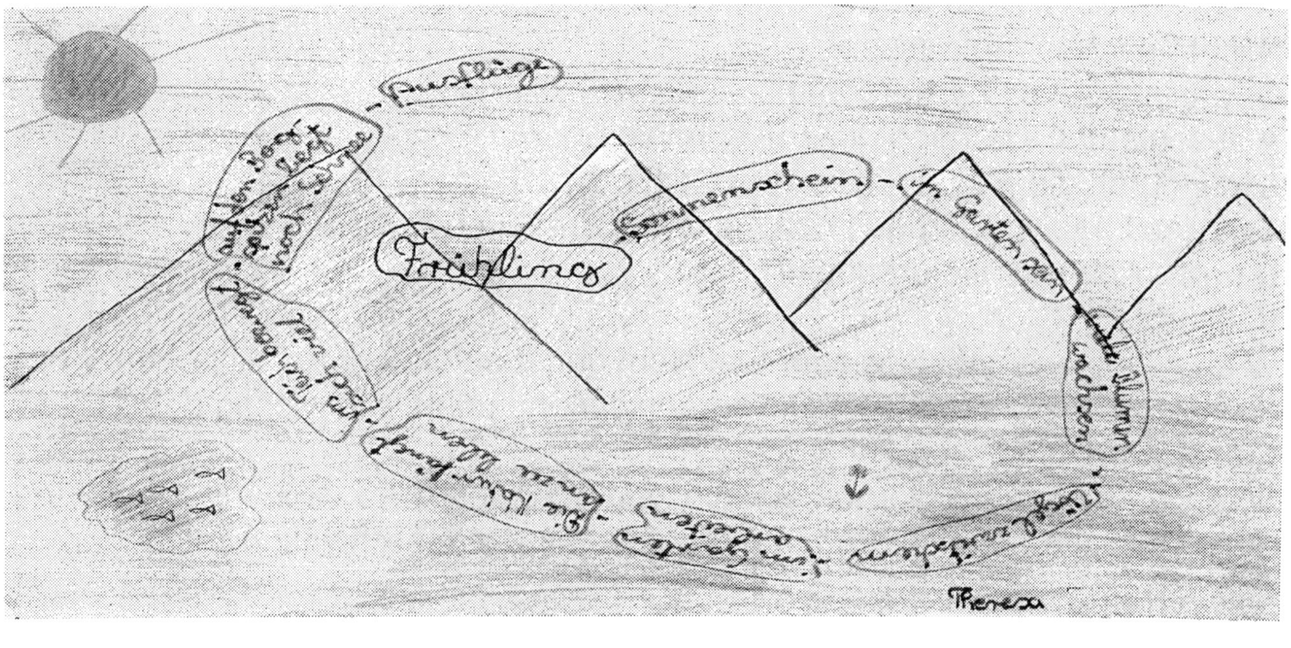

Frühling
Sonne, Vögel, Blumen
Bäume mit Blüten
Vögelgezwitscher, Tulpen, Nelken
Bäume, die aussehen wie Schneebälle
Maiglöckchen Gänseblümchen

Herbst
Drachen im Wind
Früchte, Beeren und Nüsse
Öfters mal Nebel, Wetterumschlag
Vögel die auf dem Maisfeld die letzten Körner aufpicken
Erntedank und bunte Blätter
Annegret M. 6d

**Name der Technik:**

# Alliteration

**Lehrplanbezug:** Kreativ mit Sprache umgehen
- spielerisch mit Sprache umgehen

## Beschreibung der Technik:

Die Schüler werden nach der gemeinsamen Betrachtung der folgenden Beispiele aufgefordert, Sätze oder Geschichten zu schreiben, die aus Wörtern mit gleichem Anfangsbuchstaben bestehen.

## Schülerbeispiele:

Boris Becker badet beim Bundespräsidenten, bis Barbara Boris beobachtet.

*Fabian*

*Manchmal mampft Manuel Marmelade morgens, mittags, mitternachts.*

Simon sucht stöhnend sein Sparschwein.

*Florian*

Kleine Kinder kaufen kurze kleine Kaugummis.

*Christoph*

*Zigtausend Zangen ziehen zehn zappelnde Zauberer zum Zeppelin.*

*Stephan*

Alexander achtet auf Anna, aber Anna achtet auf Anton, auf Anton achtet allerdings Adolf.

*Margret*

*Manche Mädchen mögen mittags Magerquark.*

*Monika*

*Süßigkeiten sind Susannes Sonnenschein.*

*Susanne*

**Name der Technik:**

# Anagram

**Lehrplanbezug:** Kreativ mit Sprache umgehen
- spielerisch mit Sprache umgehen

## Beschreibung der Technik:

Unter einem Anagram versteht man die Umstellung der Buchstaben eines Wortes, eines Namens oder einer Wortgruppe zu einer neuen Lautfolge, die Sinn ergibt. Dabei darf kein Buchstabe weggelassen werden.
Häufig werden Anagramme als Pseudonym verwendet.

Besonders motivierend ist für die Schüler die Suche nach einem Pseudonym, wenn damit zukünftig die Arbeiten aus dem kreativen Schreiben unterzeichnet werden können.

Zuerst sollten alle Buchstaben des Vor- und Zunamens ohne Zwischenraum aneinander gereiht werden. Anschließend ist es sinnvoll, aus den Gesamtbuchstaben einen neuen, aber existierenden Vornamen zu bilden. Aus den Restbuchstaben entsteht dann ein neuer, durchaus fiktiver Nachname.

Beispiel: HEINRICH REITER
↓
~~H~~~~E~~I~~N~~~~R~~ICH R~~E~~ITER
↓
HENRIE RICHTIER

## Schülerbeispiele:

DANIEL RUPP
↓
RUPPI ANDEL

MARINA WEBER
↓
MARIA BREWEN

ANNEGRET MAIER
↓
MARIA TREGENEN

**Name der Technik:**

# Elfchen

**Lehrplanbezug:** Kreativ mit Sprache umgehen
- spielerisch mit Sprache umgehen

**Beschreibung der Technik:**

Ein ‚Elfchen' besteht aus elf Wörtern, die in Gedichtform geschrieben und folgendermaßen angeordnet werden sollen:

1. Zeile = 1 Wort: eine Farbe
2. Zeile = 2 Wörter: etwas, das diese Farbe hat
3. Zeile = 3 Wörter: wo es ist/was es tut/genauere Gegenstandsbestimmung
4. Zeile = 4 Wörter: weitere Informationen
5. Zeile = 1 Wort: Abschluss

**Schülerbeispiele:**

grün
die Polizei
sie hilft uns
sie nimmt Unfälle auf
tatü! *Stephanie*

*gelb*
*ein Fußballspieler*
*rennt zum Tor*
*Farben schwarz, weiß, gelb*
*Dortmund* ***Simone***

*rot*
*das Feuer*
*gemütlich flackert es*
*es kann gefährlich sein*
*heiß* ***Manuela***

schwarz
die Katze
spielt mit Wolle
und verwickelt sich stark
gefangen *Daniela*

grau
die Maus
sie klaut Käse
aus dem offenen Kühlschrank
Iiiii!!!!! *Florian*

**Name der Technik:**

# Rautengedicht

**Lehrplanbezug:** Kreativ mit Sprache umgehen
- spielerisch mit Sprache umgehen

## Beschreibung der Technik:

Die Schüler überlegen sich ein Nomen, zu dem sie ein Rautengedicht verfassen wollen und gehen dann nach dem gemeinsamen Studium eines Beispiels folgendermaßen vor:

Herbst
Herbstzeitlosen
Herbstzeitlosen blühen
Herbstzeitlosen blühen lila
Herbstzeitlosen verblühen
Herbstzeit
Herbst

Überlege dir ein Namenwort, zu dem du ein Rautengedicht verfassen möchtest und gehe dann so vor:
1. Zeile: Namenwort
2. Zeile: Zusammengesetztes Namenwort
3. Zeile: Zusammengesetztes Namenwort + Tätigkeitswort
4. Zeile: Zusammengesetztes Namenwort + Tätigkeitswort + Eigenschaftswort
5. Zeile: Zusammengesetztes Namenwort + Tätigkeitswort
6. Zeile: Zusammengesetztes Namenwort
7. Zeile: Namenwort

Tipp: Ein Abweichen von der vorgegebenen Struktur ist möglich, sollte aber besprochen werden.

## Schülerbeispiele:

Vogel
Vogelpärchen
Vogelpärchen singen
Vogelpärchen brüten
Vogelkinder
Vogel
*Florian*

Holunder
Holunderbusch
Holunderbusch blüht
Holunderbusch verblüht
Holundersirup
Holunder
*Margret*

Quelle
Quellwasser
Quellwasser sprudelt
Quellwasser sprudelt klar
Quellwasser fließt
Quellenursprung
Quelle
*Simone*

Mai
Maiglöckchen
Maiglöckchen duften
Maiglöckchen duften süß
Maiglöckchen pflücken
Maibaum
Mai
*Daniela*

## Name der Technik:

# Satzballon

## Lehrplanbezug:

Kreativ mit Sprache umgehen

## Beschreibung der Technik:

Die Schüler sollen nach Vorgabe der ersten beiden Wörter eines Satzes diesen Zeile für Zeile erweitern, soweit ihnen das gelingt, ohne dass der Satz an Sinn verliert. Mit dieser Technik lassen sich besonders gut die verschiedenen Adverbiale üben.

**Tipps:**

1. Bei der Vorgabe der Begriffe soll darauf geachtet werden, dass es sich hier um einen echten Schreibanlass für Schüler handelt (z.B. Mitschüler, Freunde, Baum, Schmetterling, im Urlaub ...).

2. Dieses Satzspiel lässt sich auch gut als Wettbewerb durchführen. Die Gruppe mit dem längsten sinnvollen Satz, der innerhalb eines Zeitlimits entsteht, hat gewonnen.

3. Wenn Computer zur Verfügung stehen, lässt sich durch ein Zentrieren des Textes der Ballon gut grafisch gestalten.

## Schülerbeispiele:

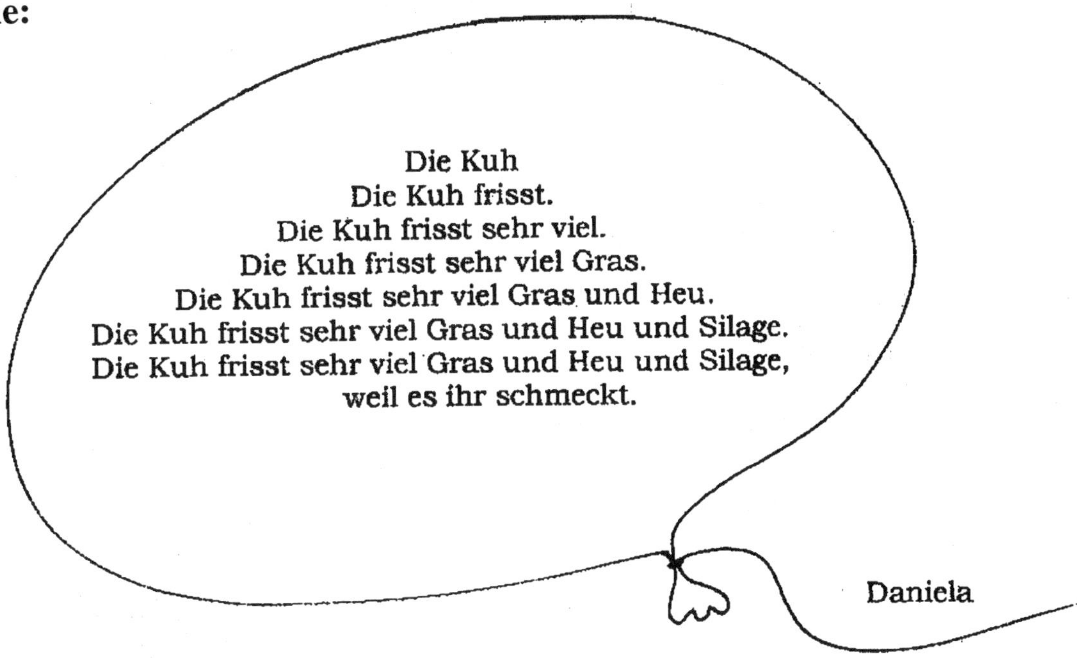


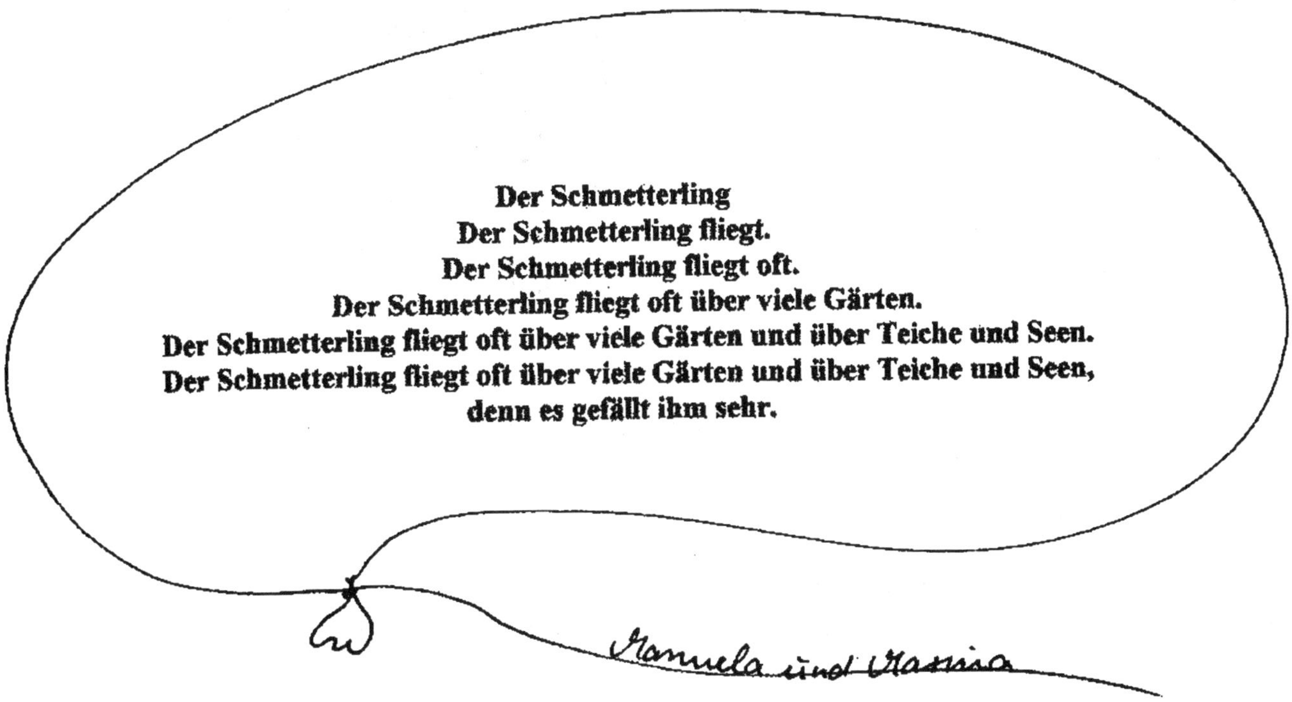

**Name der Technik:**

# Alle Zeilen wieder

**Lehrplanbezug:** Kreativ mit Sprache umgehen

## Beschreibung der Technik:

Der Schüler erhält den Auftrag, mehrmals untereinander ein gleiches Wort oder einen gleichen Satzanfang aus mehreren Begriffen an den Beginn der Zeilen zu schreiben.
Dann füllt er dieses Gerüst mit seinen Assoziationen.
Eine Aufwertung dieser Technik erfolgt, wenn in der letzten Zeile dieses Wort bzw. der Satzanfang verändert wird.

**Tipp:**

Beispiele für Satzanfänge:

Vor Wochen - Heute
Gestern - Heute
Am Wochenende - Heute
Im nächsten Schuljahr - Jetzt
Im Schullandheim werde ich ... Im Moment
Es wäre schön ...
In Zukunft ...
Wie immer ...
Oft ...
Eigentlich ...
Ich will ...
Ich wünsche mir ...
Ich hoffe ...
Ich fühle mich ...
Ich bin ...
...

## Schülerbeispiele:

**Manchmal**

<u>Manchmal</u> bin ich für alles zu klein.
<u>Manchmal</u> fühle ich mich wie ein kleiner Käfer.
<u>Manchmal</u> will ich im Boden versinken.
<u>Manchmal</u> nimmt mich keiner ernst.
<u>Manchmal</u> kann ich gar nichts.
<u>Manchmal</u> will ich nichts mehr hören.
<u>Doch immer</u> bin ich froh, wenn ich mit meinen Freunden spiele.

*Stephan*

**Ich weiß!**

<u>Ich weiß</u>, wie furchtbar Krieg ist.
<u>Ich weiß</u>, wie das Leben schön sein kann.
<u>Ich weiß</u>, dass man liebt.
<u>Ich weiß</u>, man isst.
<u>Ich weiß</u>, dass man fühlen und hören kann.
<u>Ich weiß</u>, dass das Leben irgendwann vorübergeht.
<u>Ich weiß</u>, wie es schön ist, wenn man Freunde und Verwandte hat, die einen lieben.
<u>Ich weiß</u>, dass ich ein Lieblingspferd habe.
<u>Ich weiß</u> aber nicht, warum es so viele Umweltverschmutzer und Kriege gibt.

*Sabrina*

***In den Ferien*** spielte ich mit meinem Kaninchen.
***In den Ferien*** fing es zu schneien an.
***In den Ferien*** wurde es sehr kalt.
***In den Ferien*** half ich oft meiner Mutter.
***In den Ferien*** spielten wir oft Spiele.
***In den Ferien*** lernte ich Englisch und Physik und Chemie.
***In den Ferien*** nahm mich meine Mutter zum Arbeiten mit, ich half ihr ein bisschen.
**Heute** musste ich leider in die Schule, aber es kann in der Schule auch schön sein.

*Marina*

**Name der Technik:**

# Jede zweite Zeile wieder

## Lehrplanbezug:

Kreativ mit Sprache umgehen
- personales Schreiben

## Beschreibung der Technik:

Siehe bei Beschreibung der Technik: Alle Zeilen wieder.

Bei dieser Technik mit stark subjektivem Charakter können die Schüler ihre momentane Befindlichkeit zum Ausdruck bringen.
Die *Freiwilligkeit* beim Schreiben, Vorlesen, Repräsentieren muss gewährleistet sein.

**Manchmal**

*Manchmal finde ich mich zu klein*
*und möchte gerne größer sein.*

*Manchmal möchte ich mich verstecken,*
*Mutter soll mich erst gar nicht wecken.*

*Manchmal fühle ich mich verlassen*
*selbst in den größten Menschenmassen.*

*Manchmal bin ich auch besonders froh,*
*das ist natürlich besser so!*

*Doch immer fühle ich mich richtig stark,*
*wenn ich rundum mich selber mag!*

*Dagmar Witschas*

Wie fühlst du dich manchmal?
Probiere nun selbst ein ‚Manchmal-Gedicht'.

## Schülerbeispiele:

### Wie fühlst du dich manchmal?

Manchmal möchte ich größer sein,
um mich besser wehren zu können.

Manchmal fühle ich mich einsam,
dann bin ich froh, wenn jemand zu mir kommt.

Manchmal mag ich mich selber nicht,
und möchte irgendwie anders sein.

Doch immer fühle ich mich gut,
wenn mir etwas gelingt.

*Marina und Christoph*

***Manchmal!!!!!!***

*Manchmal fühle ich mich wie ein Dreck,
und möchte einfach von hier weg.*

*Manchmal fühle ich mich wie der Superstar,
am nächsten Tag weiß ich, was für ein Angeber ich war.*

*Manchmal höre ich über mich nur noch Klagen,
darüber will ich gar nichts sagen.*

*Doch immer kommt mir in den Sinn,
dass ich ein guter Junge bin.*

*Alexander*

***Ich bin …***

*Ich bin nicht so,
wie mich andere gerne wollen.*

*Ich bin eine Raupe
und werde bald zu einem Schmetterling.*

*Ich bin das Blatt,
das nicht weiß, wo sein Ziel ist.*

*Ich bin ein Vogel
und fliege über alle Meere.*

*Ich bin ein großer Baum,
der verlassen im Feld steht.*

*Ich bin glücklich,
wie ein freies Tier in der Wildnis.*

## Name der Technik:

# Freunde sind wichtig

## Lehrplanbezug:

Kreativ mit Sprache umgehen

## Beschreibung der Technik:

Wichtiger Hinweis für die Schüler:
Bei der Besprechung eines Beispielgedichtes muss darauf hingewiesen werden, dass die Begriffe von zwei aufeinander folgenden Zeilen in Abhängigkeit zueinander stehen müssen. (Beispiel: Pflanze - Wurzel)

**Freunde sind wichtig!**

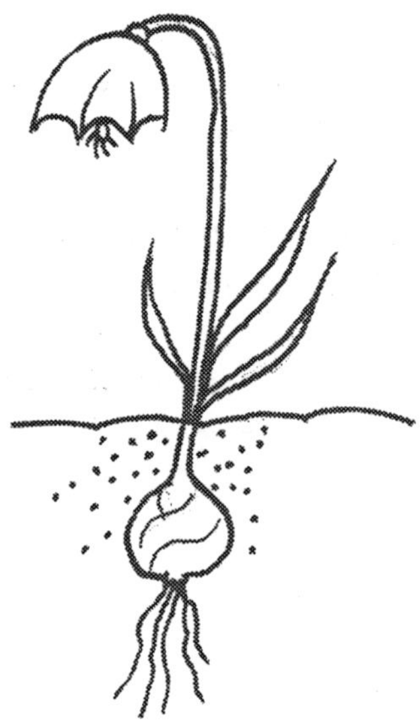

Wäre ich eine Pflanze,
wärst du meine Wurzel.

Wäre ich der Sommer,
Wärst du die Sonne.

Wäre ich eine Dose,
Wärst du der Deckel.

Wäre ich eine Biene,
Wärst du der Nektar.

Wäre ich ... ,
wärst du ... .

Überlege dir jemanden, der für dich sehr wichtig ist und denke dir passende Vergleiche aus:

Wäre ich ... ,
wärst du ... .

oder

Wäre ich ... ,
du wärst ... .

Oder findest du eine ganz andere Möglichkeit, deine Gedanken zu einer wichtigen Freundschaft in dichterische Worte zu kleiden?

## Schülerbeispiele:

### Freunde sind wichtig

Wäre ich der Winter,
du wärst der Schnee.

Wäre ich der Frühling,
du wärst die schöne Tulpe.

Wäre ich der Sommer,
du wärst die Sonne.

Wäre ich der Herbst,
du wärst das bunte Blatt.

Wäre ich ein See,
du wärst mein Zufluss,

Wäre ich die Erde,
du wärst die Pflanze, die auf mir wächst.

Wäre ich die Natur,
du wärst der Regen, der mich wachsen lässt.

Wäre ich eine Geburtstagskerze,
du wärst die Flamme, durch die ich schmelze.

*Marina*

### Freunde sind wichtig

***Wäre ich*** die Tafel,
***wärst du*** die Kreide.

***Wäre ich*** das Radio,
***wärst du*** die Kassette.

***Wäre ich*** ein Geldbeutel,
***wärst du*** das Geld.

***Wäre ich*** der Schuh,
***wärst du*** das Leder.

***Wäre ich*** eine Waschmaschine,
***wärst du*** die Wäsche.

***Wäre ich*** eine Tasse,
***wärst du*** der Kaffee.

***Wäre ich*** eine Lampe,
***wärst du*** die Glühbirne.

***Wäre ich*** ein Füller,
***wärst du*** die Tinte.

*Ulrike*

## Name der Technik:

# Wirklichkeit und Wunsch

## Lehrplanbezug:

Kreativ mit Sprache umgehen

## Beschreibung der Technik:

Bei dieser Technik steht die Ventilfunktion für die Schüler im Vordergrund.

Sie ist besonders gut zum Aggressionsabbau in der Klasse geeignet:
- am Schultagesanfang (Konflikte: Eltern/Geschwister - Schüler)
- nach der Pause, zwischen den Stunden, am Schultagesende (Konflikte: Lehrer - Schüler; Mitschüler - Schüler; Schüler - Schule).

| **Wirklichkeit** | **und** | **Wunsch** |
|---|---|---|
| Los, lerne für die Schulaufgabe! | | Lieber würde ich faulenzen. |
| Los, gehe einkaufen! | | Lieber würde ich radeln. |
| Los, nimm ... | | Lieber würde ich ... |
| Los, ... | | Lieber ... |

Überlege, welche *Forderungen* du oft hören musst und ergänze sie *links*.
Schreibe *rechts* dazu, was du stattdessen *lieber tun* würdest.

## Schülerbeispiele:

### Wirklichkeit und Wunsch

| | |
|---|---|
| Los, nimm deine Medizin ein! | Lieber würde ich lesen. |
| Los, bring Anita diese Tasche! | Lieber würde ich Musik hören. |
| Los, geh zum Bäcker Semmeln holen! | Lieber würde ich spielen. |
| Los, hol beim Bauern Milch! | Lieber würde ich zu meiner Freundin gehen. |
| Los, lern für die Schule! | Lieber würde ich etwas malen. |
| Los, mach deine Hausaufgaben! | Lieber würde ich hinausgehen. |
| Los, hol beim Metzger Wurst! | Lieber würde ich sticken. |

*Manuela*

### Wirklichkeit und Wunsch

| | |
|---|---|
| Los, geh zum Milch holen! | Lieber würde ich fernsehen. |
| Los, geh in die Schule! | Lieber würde ich daheim bleiben. |
| Los, mach deine Hausaufgaben! | Lieber würde ich Fußball spielen. |
| Los, spül das Geschirr! | Lieber würde ich Computer spielen. |
| Los, wir machen jetzt Deutsch! | Lieber würde ich Mathe machen. |
| Los, geh in die Küche! | Lieber würde ich ausschlafen. |
| Los, zeig deiner Mama den Sechser! | Lieber würde ich einen Einser haben. |

*Fabian*

## Name der Technik:

# Im Mittelpunkt

## Lehrplanbezug:

Kreativ mit Sprache umgehen

## Beschreibung der Technik:

Jeder Schüler bekommt den Auftrag, ein Wort (z.B. „und“, „oder“) mehrmals untereinander in die Mitte eines leeren Blattes zu schreiben.
Anschließend ergänzt er es rechts und links mit persönlichen Assoziationen.

## Schülerbeispiele:

**Oder**

| | | |
|---|---|---|
| Krieg | **oder** | Frieden |
| Leben | **oder** | Tod |
| Mäh | **oder** | Muh |
| gesund | **oder** | krank |
| dick | **oder** | dünn |
| Glück | **oder** | Pech |

*Christian*

**Oder**

| | | |
|---|---|---|
| Klein | **oder** | groß |
| Dumm | **oder** | klug |
| Gut | **oder** | schlecht |
| Alles | **oder** | nichts |

*Nico*

**Und**

| | | |
|---|---|---|
| Falla | ***und*** | ich galoppierten durch den Wald. |
| Der Wind | ***und*** | ich machten ein Wettrennen. |
| Meine | ***und*** | Fallas Haare spielten mit dem Wind. |
| Der Boden | ***und*** | die Bäume erzitterten unter den Pferdehufen. |
| Die Welt | ***und*** | die Natur rauschten an uns nur so vorbei. |
| | ***Und*** | die Hufe donnerten über den Boden! |

*Claudia*

## Name der Technik:

# Fragegedicht

## Lehrplanbezug:

Kreativ mit Sprache umgehen

## Beschreibung der Technik:

Fragegedichte (alle W-Fragen) sind Techniken, in denen Schüler besonders gut ihre Interessenslagen, ihr Informationsbedürfnis, ihre Zweifel, Unsicherheiten und ihre kritische Haltung zum Ausdruck bringen können.

In der Motivationsphase kann mit dieser Technik die Interessenslage der Schüler eruiert werden.
In der Reflexionsphase werden dagegen Zweifeln und kritischen Stellungnahmen Ausdruck verliehen.

## Schülerbeispiele:

**Warum?**

***Warum*** müssen die Menschen sterben?
***Warum*** muss Krieg sein?
***Warum*** können die Menschen nicht die Kriege beenden?
***Warum*** müssen manche Familien die Kinder verlieren?
***Warum*** habe ich Schnupfen?
***Warum*** kann er nicht weggehen?
***Warum*** gibt es so wenig zu essen?

*Christine*

**Warum?**

***Warum*** gibt es Kriege?
***Warum*** gibt es Ausländerhass?
***Warum*** müssen Menschen in anderen Ländern verhungern?
***Warum*** müssen wir eine so grausame Welt haben?
***Warum*** werden die Regenwälder abgeholzt?
***Warum*** gibt es Tiere, die vom Aussterben bedroht sind?

*Simon*

**Name der Technik:**

# Fantasiereise (mit schriftlicher Fortsetzung bzw. Eigenproduktion einer Fantasiegeschichte)

**Lehrplanbezug:** Kreativ mit Sprache umgehen
* Formen des freien Schreibens erproben
* Schreiben nach Musik
* Fantasiereise

## Beschreibung der Technik:

Fantasiereisen sind eine besonders dienstbare Möglichkeit um für Konzentration, Entspannung und Aggressionsabbau zu sorgen.
Weiterhin sind sie ein probates Mittel um auf kreative Schreibtätigkeiten einzustimmen.
Insofern kann ihr sinnvoller Einsatz sowohl am Schultagesanfang zur Einstimmung auf den Unterricht (Motivation) als auch am Schultagesende (Ausklang) stehen.

Folgende Punkte sollten beim Einsatz einer Fantasiereise Beachtung finden:

1. Auswahl geeigneter kurzer Texte (siehe Literaturverzeichnis)
2. Auswahl entspannender, ruhiger, kontemplativer, harmonischer Hintergrundmusik (siehe Musikverzeichnis)
   Im Dienste der Harmonie ist die Auswahl längerer Stücke mit geringem Rhythmuswechsel zu bevorzugen.
3. Schaffen einer entspannungsfördernden Atmosphäre:
   * absolute Stille
   * entspannte Sitzhaltung
   * mildes Licht (Kerze)
   * evtl. Duftlämpchen

Wenn die Fantasiereise zur Einstimmung auf das Schreiben oder Fortsetzen einer Fantasiegeschichte verwendet werden soll, kann folgendermaßen vorgegangen werden:

1. Schaffen einer beruhigenden Atmosphäre

2. Alternativangebote für Schüler, die nicht schreiben wollen **(Freiwilligkeit!)** vorher besprechen (z.B. Zeichnen, Lesen, Mandalas ausmalen, Arbeitsvorschläge aus Freiarbeitsmaterialien ... oder einfach nur seinen Gedanken nachhängen).

3. Vorlesen der Fantasiegeschichte (Musik kann bereits sehr leise im Hintergrund mitlaufen)

4. Lauterstellen der Musik und unmittelbarer Beginn der Schreibphase (Fortsetzung der Fantasiereise oder Schreiben einer eigenen Fantasiegeschichte)

## Originaltext:
### Die Tränen der Wolke

Als die Erde noch eine riesige Wüste war, auf der nichts wuchs und gedieh, gab es dort auch keine Menschen und Tiere. Alles war ohne Leben, es war öde und leer. Der Himmel wölbte sich über diese kahle Erde und die Wolken schauten oft neugierig zu ihr hinunter, ob sich denn dort nichts tun würde. Aber es bewegte sich nichts. Alles schien ruhig und ohne Leben.

Eine der vielen Wolken war besonders rund und kuschelig. Sie war sehr munter und spielte gerne Verstecken und Fangen mit ihren vielen Geschwistern. Übermütig versteckte sie sich dann hinter ihrer Tante, einer dicken, alten, grauen Wolke, die viel zu träge war, um die weiten Strecken der Wolkenreise mitzumachen. Sie blieb meist an ihrem angestammten Platz, von wo sie einen besonders guten Ausblick zur Erde hatte. Außerdem war sie dort vor dem Lärm der spielenden Wolkenkinder ein wenig geschützt. Das muntere Gejohle und Herumgerenne der Wolkenkinder freute sie zwar, aber ihre Ohren waren mit den Jahrhunderten etwas empfindlich geworden. Sie hatte nichts dagegen, wenn eines der Wolkenkinder sich hinter ihr oder in ihrem weichen Schoß versteckte. Besonders gerne hatte sie unsere kleine, weiße Kuschelwolke.

*Durch das Zusehen beim Wolkenspiel wurde sie oft so schläfrig, dass sie ihre Augen schloss und vor sich hin träumte. Sie fühlte sich dann ganz schwer und entspannt. Ihr war schön angenehm warm. Es war so richtig wohlig. Sie träumte dann ein wenig und schlief auch schon einmal dabei ein.*

Eines Tages spielten die Wolkenkinder wieder einmal Wolkenschieben. Da musste immer eines der Wolkenkinder versuchen, eine etwas größere und ältere Wolke zur Seite zu schieben. Das war ein lustiges Spiel und sie erprobten daran auch ihre wachsenden Kräfte. Einige Wolken waren aber recht ungestüm und schubsten manch kleine Wolke etwas unsanft zur Seite. Unsere Kuschelwolke wurde von ihrem älteren Vetter, einer etwas auseinandergerupften Wolke, so heftig geschubst, dass sie plötzlich das Gefühl hatte, sie fiele aus dem Himmel heraus. Das machte ihr Angst. Sie erschrak so sehr, dass sie anfing zu weinen. Das war etwas ganz Neues. Denn Wolkenkinder weinen nicht. Sie kennen das gar nicht. Der Kuschelwolke fielen dicke, dicke Tränen aus den Augen. Alle anderen Wolken schauten gebannt zu. Noch nie hatten sie so etwas gesehen. Die Tränen kullerten der kleinen Kuschelwolke unablässig aus den Augen und fielen aus dem Himmel heraus. Sie legten einen langen Weg zurück und fielen bis hinunter zur Erde. Kuschelwolke musste immer weiter weinen, sie konnte gar nicht aufhören damit. Plötzlich rief die alte Wolkentante: „Schaut mal hinunter zur Erde, da ist ja alles grün geworden! Kleine Flüsse und Seen haben sich gebildet, und da bewegt sich ja auch etwas." Alle schauten zur Erde und waren ein wenig aufgeregt. Richtig. Die alte, verdorrte Erde sah nun ganz anders aus. Grüne Wälder und Wiesen, blitzende Bäche und Seen veränderten das Bild. Merkwürdige Wesen bewegten sich überall. Tiere und Menschen gab es nun auch auf der Erde. Es war ein reges Leben erwacht. Es blühte, grünte, wuchs und gedieh. Das sah viel schöner aus als früher, als alles grau in grau schien.

Die kleine Wolke hörte auf zu weinen. Sie war sehr verdutzt, was da durch sie geschehen war. Alle anderen Wolken bewunderten sie jetzt sehr.

*Aber sie fühlte sich nun doch etwas müde von der schweren Arbeit, dem Benetzen der Erde durch ihre Tränen. Sie kuschelte sich an ihre Wolkentante. Ihre Glieder wurden schwer, sie entspannte sich. Ganz gelöst fühlte sie sich jetzt. Eine wohlige Wärme durchzog sie. Ihr Atem ging ganz ruhig. Sie spürte, wie er ruhig ein- und ausging. Ganz ruhig ein und aus. Nach einer Weile versank sie in bunte Träume.*

*(Aus: Else Müller, Auf der Silberlichtstraße des Mondes, Fischer-TB)*

## Schülerbeispiele:

... sie träumte von einem wunderbaren Land, in dem alles grün war. Die Bäche spiegelten sich in der Sonne, alle Wolken waren glücklich und freuten sich über die Landschaft. Doch plötzlich kam ein Sturm auf und die ganzen Bäche und Seen trockneten blitzschnell aus. Alles wurde wieder kahl und leer. Die Wolke war so traurig, dass sie weinte. Auf einmal schüttelte sie jemand. Es war ihre Großmutter. „Warum weinst du?", fragte sie. „Weil alles wieder kahl ist", schluchzte die Wolke. „Höre auf und schau genau. Jetzt fängt doch erst alles richtig zu wachsen und zu leben an", beruhigte sie die Wolkenoma. Vorsichtshalber regneten auch noch die anderen Wolken und alle waren glücklich und zufrieden.

*Daniel*

... sie träumte, dass sie die Welt vor dem Aussterben von Mensch, Tier und Pflanze gerettet hat und dass alles wuchs und gedieh. Die Blumen blühten und es bewegte sich alles. Sie konnte dabei zuschauen. „Es ist toll, dass Flüsse und Seen entstanden sind, jetzt haben die Menschen und Tiere und Pflanzen etwas zu trinken. Ich freue mich riesig, dass ich die Welt vor dem Aussterben gerettet habe."
Auf der Erde war es richtig bunt. So fröhlich wie jetzt war die Welt in ihrem ganzen Leben noch nicht.

*Marina*

... sie träumte, dass ihre Familie mit ihr über die herrliche Welt flog. Doch auf einmal erschienen Menschen auf der Erde. Die Wolkenfamilie sah, wie die Menschen Fabriken bauten. Nach einiger Zeit war der Wolkenhimmel voll Rauch und Gestank. Jetzt begannen die Wolken um ihren Himmel zu kämpfen. Das war nicht leicht und viele Wolken gaben nach einiger Zeit auf. Aber die kleine Wolke nicht. Sie kämpfte weiter und konnte die Menschen vertreiben. Dann holte sie ihre Wolkenfamilie wieder zusammen und sie lebten für immer am Himmel. Die Wolkenfamilie dankte Kuschelwolke über alles.

*Margret*

... sie träumte, dass sie zu einer ganz großen Wolke wurde und immer wenn sie weinte, gedieh alles noch schöner. Die Blumen wurden mehr und wurden bunter wie nie zuvor. Prächtige Schmetterlinge durchflogen die schöne Welt. Doch was war das auf einmal? Eine riesige graue Landschaft, in der sich Millionen von Menschen drängelten und schubsten. Und da stieg Rauch aus einem Rohr und ließ die wunderschönen Blumen verwelken. Erschreckt wachte die Wolke auf. Gott sei Dank, es war nur ein Traum! „Hoffentlich träume ich jetzt etwas Schöneres", dachte sich die Wolke und schlief wieder ein.

*Stephan*

## Regentropfen

Über der großen Stadt brauen sich dicke Wolken zusammen. Sie hängen wie graue Federbetten am Himmel. Sie verdunkeln die Sonne, die sich nun nicht mehr zeigen kann. Sie packt ihre Strahlen ein und verkriecht sich hinter der dichten Wolkenwand. Sie ist aber darüber nicht traurig, sie hat viele Wochen scheinen müssen und ist nun richtig müde vom vielen Strahlen.
Die Wolken aber drängeln und schubsen sich gegenseitig. Manche schieben sich ineinander und ziehen dann als eine ganz riesig große Wolke weiter. Es gibt aber auch ganz kleine Wolken, richtige Wolkenkinder. Die sind neugierig auf all das Menschenleben auf der Erde. Sie äugen so vorwitzig nach unten, dass sie beinahe auf die Erde plumpsen. Eine alte, erfahrene Wolke kann sie gerade noch am Schlafittchen packen.
Die Wolken werden immer dicker und dicker. Sie sind voll mit Abermillionen Regentropfen. So viele Regentropfen, wie es Sandkörner am Meer gibt. Auch die kann niemand zählen.
Als die Wolken zum Platzen dick geworden sind, beginnen die einzelnen Regentropfen sich aus den Wolken zu lösen. Sie fallen ruhig und gleichmäßig auf die Erde. Diese nimmt sie begierig auf, denn die Sonne hatte solange geschienen, dass sie ganz durstig geworden ist. Völlig ausgetrocknet scheint sie zu sein.
Ein kleiner Regentropfen ist besonders wissbegierig, was ihn auf der Erde erwarten wird. Er ist gespannt, wo er landen wird. Er tanzt nun ein bisschen aus der Reihe und geht auf seine eigene Wanderschaft.
Er fliegt über den großen Zoo der Stadt. Dort sieht er so viele Tiere, wie er es nie für möglich gehalten hat. Tiere aus Afrika, aus dem ewigen Eis des Nordens, Tiere aus den Steppen in Südamerika. Aus allen Ländern der Erde sind hier Tiere versammelt. Wunderhübsche, bunte Vögel aus den Urwäldern, aber auch Schlangen und Krokodile sieht er, Schmetterlinge, groß wie Vögel und kleine, putzmuntere Mäuse. Dicke Bären aus Kanada laufen gelangweilt auf und ab. Und er sieht ein Tier, das als Spieltier aus Plüsch in vielen Kinderzimmern ein liebster Spielgefährte ist: den Teddybären. Der heißt aber als lebendiges Tier Koala und kommt aus Australien. Er lebt in großen Familien auf Eukalyptusbäumen. Von den Blättern dieser Bäume ernährt er sich. Eukalyptusbonbons gegen Husten kennen auch die Menschenkinder.
In riesigen Becken schwimmen Delfine, Seepferde, aber auch große und kleine Fische in allen Farben und Formen.
Giraffen mit endlos langen Hälsen stolzieren über die Rasenflächen des Zoos. Es gibt Elefanten und sogar auch Kängurus, die ihre Kinder in einem Beutel am Bauch tragen. Von dort äugen sie vergnügt in die Welt, sie fühlen sich im Beutel der Mutter ganz geborgen und gewärmt. Und wenn sie hungrig sind, brauchen sie nur an den Zitzen zu saugen und kuscheln sich dann satt und zufrieden im Beutel zurecht und machen ihr Schläfchen.
*Vielleicht kuschelst du dich nun auch zurecht und fühlst dich warm und geborgen.*
Unser kleiner Regentropfen schwebt weiter. Er fliegt über eine Schule, aus der gerade viele Kinder hungrig nach Hause springen.
Über viele hohe Häuser fliegt er. Er sieht so viel, dass er ein bisschen unaufmerksam wird. Er übersieht einen riesighohen Fernsehturm. Er stößt gegen ihn und fällt in gerader Linie der Erde zu. Die Fahrt nach unten geht pfeilgeschwind. Immer schneller fällt er. Bis er auf eine Straße fällt. Dort trifft er auf das glänzende Pflaster auf und rollt zum Rinnstein hin. In dem befinden sich schon viele tausend andere Regentropfen. Sie bilden einen kleinen Fluss, der geschwind weiterfließt. Immer weiter, durch die ganze Stadt. Durch viele Straßen, über viele Plätze. Aus der Stadt hinaus, immer weiter und weiter. Bis sie an das große Meer kommen. Hier fließt der kleine Fluss direkt hinein. Alle Regentropfen sind nun wieder versammelt und haben sich sehr viel zu erzählen. Jeder hat etwas anderes erlebt.
*Hör einmal genau hin, was sie sich so alles erzählen.*

*(Aus: Else Müller, Auf der Silberlichtstraße des Mondes, Fischer-TB)*

**Schülerbeispiele:**

... „Ich bin schon sehr lange hier“, sagte ein Regentropfen.
„Und ich bin direkt in das Meer gefallen“, prahlte ein anderer.
„Ich habe meinen Freund verloren, er ist von einer Katze getrunken worden“, erzählte ein weiterer Regentropfen.
Aber eigentlich freuten sich alle, dass sie sich hier im Meer trafen.
Nur unser Regentropfen erzählte nichts von seinem tollen Abenteuer.

*Stephan*

... Da erzählte der eine Regentropfen: „Ich war an einer Bushaltestelle, da standen viele Leute. Einer hat mir einen Tritt gegeben und ich bin über die Mole zu euch gekullert.“ Auch die anderen hatten sich viel zu erzählen. Neugierig fragte der eine: „Hey du da! Was hast du erlebt?“ Und so fing unser Regentropfen zu erzählen an: „Ich bin in einem Bach gelandet. Der hat mir erzählt, dass bei ihm schon einmal Jesus war und der habe ihn gesegnet. Doch später haben die Menschen ihn in ein Betonbett gezwungen und ihm sein Glück und seine Zufriedenheit genommen. Jetzt muss er für immer in diesem Betonbachbett fließen. Aber den Segen vergisst er nie.“

*Simone*

**Name der Technik:**

# Mein Name - eine Geschichte

**Lehrplanbezug:** Kreativ mit Sprache umgehen
- spielerisch mit Sprache umgehen
- Schreibspiel

## Beschreibung der Technik:

Jeder Schüler schreibt seinen Vornamen in Großbuchstaben senkrecht auf ein Blatt Papier. Jeder der senkrecht untereinander stehenden Buchstaben soll nun zum Anfangsbuchstaben eines Nomens werden. Anschließend soll aus den einzelnen Nomen eine zusammenhängende Geschichte erfunden werden.
Die Nomen müssen nicht in der Reihenfolge verwendet werden.

**Differenzierung:**

- Der Lehrer gibt eine bestimmte Wortart vor, die der Schüler bei der Bildung seiner Wörter berücksichtigen muss (z.B. zusammengesetzte Nomen, Adjektive, Verben).

- Vor- und Zuname können zur Begriffsbildung verwendet werden.

- Der Schüler tauscht nach der Bildung der einzelnen Wörter die Blätter mit einem Mitschüler aus. Dieser schreibt dann die Geschichte.

- Die Begriffe, die der einzelne Schüler zu seinen Buchstaben sammeln soll, müssen mit seiner Person zu tun haben.

- Schüler mit geringen Deutschkenntnissen bilden nur Sätze zu den Begriffen, die nicht im Zusammenhang stehen müssen.

- Wenn die Begriffe zu den Namensbuchstaben in der richtigen Reihenfolge verwendet werden, wird in dem entstandenen Text durch Markierung der ersten Buchstaben der Schülername kenntlich gemacht.

## Schülerbeispiele:

**S aft**
**T ante**
**E rdferkel**
**P enner**
**H exe**
**A ffe**
**N ebel**

Apfelsaft ist *Tante Erdferkels* Lieblingssaft. Aber heute ist leider so viel *Nebel*, dass sie nichts sehen kann und deshalb schleicht ihr Freund, der *Affe*, in die Speisekammer. Er klaut den leckeren Saft und bringt ihn aber nicht ihr, sondern einem *Penner*. Plötzlich verwandeln sich die zwei Bösen in *Hexen*. Der Saft war verzaubert - hä, hä, hä!

*M usik*
*A ve Maria*
*R egen*
*G ummibärchen*
*R auch*
*E tikett*
*T eufel*

Diese *Musik* ist toll, besonders wenn man dazu das *Ave Maria* singt. Meine Freundin probierte das einmal aus und setzte sich dazu sogar in den *Regen*. Sie nahm die Gitarre und fing an, nebenan stieg *Rauch* aus dem Kamin. Danach hatte sie Hunger auf *Gummibärchen*, musste aber erst einmal welche kaufen. Auf dem *Etikett* der Tüte stand '*Teufels*-Gummibärchen', aber das machte ihr nichts. Sie stopfte die Gummibärchen in den Mund. Da wurde ihr schwindlig und schlecht. Peng - sie fiel um!

**S** aurier
**A** ffe
**B** adewanne
**I** gel
**N** agel
**E** lfe

In der Geschichte der *Saurier* kamen keine *Affen*, keine *Igel* und keine *Elfen* vor. Die Menschen früher hatten auch noch keine *Badewanne*. Sie konnten sich deshalb auch nicht die *Nägel* waschen.

**Name der Technik:**

# Reihum-Geschichte

**Lehrplanbezug:** Kreativ mit Sprache umgehen
- Schreiben in der Gruppe

## Beschreibung der Technik:

Jeder Schüler erhält ein leeres Blatt, auf das er spontan den Anfangssatz einer Geschichte schreibt.
Nun wird in jeder Gruppe von jedem Schüler das Blatt zum rechten Nachbarn weitergereicht. Dieser liest den geschriebenen Satz und führt die Geschichte mit einem neuen Satz fort. Dann wird das Blatt erneut nach rechts weitergegeben.
Kehrt die Geschichte zum Anfangsschreiber zurück, verfasst dieser einen passenden Schlusssatz oder /und eine Überschrift.
So entstehen in jeder Gruppe verschiedene in sich geschlossene Geschichten.

**Differenzierung:**

- Jede Gruppe beginnt mit dem gleichen von der Klasse vorher festgelegten Satz.
- Man einigt sich in der Klasse auf ein Rahmenthema.
- Bei einer zügigen Arbeitsweise kann die Geschichte mehrmals die Gruppe durchlaufen.
- Jeder Schüler schreibt in einem Zug 2, 3, ... Sätze zu jeder Geschichte, bevor er sie an seinen Nachbarn weitergibt.

**Tipp:** Die Schüler sollen auf abwechslungsreiche Satzanfänge achten.

## Schülerbeispiele:

Ich habe einen Flohzirkus.
*Nach meiner ersten Vorführung empfing ich ein lautes Klatschen.*
Die Zuschauer waren sehr entzückt.
*Aber ist es nicht schwer, einen Floh zu dressieren?*
Doch, aber sobald er etwas richtig kann, ist es einfach.
*Um 4 Uhr habe ich wieder eine Aufführung.*

*Sabine, Sascha, Manuel, Jessica*

**So ein Mist!**
Gestern hatte ich ein Fußballspiel.
*Ich schoss fünf Tore.*
Mein Trainer lobte mich.
*Darüber war ich glücklich, sehr sehr glücklich sogar.*
Aber leider rannte ich später gegen den Pfosten.
*Jetzt liege ich im Krankenhaus.*
Aber bald kann ich wieder spielen und Tore schießen.

*Roberto, Andreas, Stefan, Michael*

## Name der Technik:

# Wunschgeschichte

**Lehrplanbezug:** Kreativ mit Sprache umgehen
- Schreiben nach Musik

## Beschreibung der Technik:

Als Einstimmung lesen sich die Schüler unten stehende Wunschgeschichte mit Begleitung meditativer Musik in entspannter Haltung durch.
Nach Ausblendung der Beispielsgeschichte wird die musikalische Begleitung auch während des Überlegens und Schreibens der eigenen Wunschgeschichte beibehalten.

**Ich wünsche mir, ein Vogel zu sein!**

Wenn ich ein Vogel wäre, würde ich jeden Tag in meinem Nest ausschlafen und mich durch die warme Morgensonne wecken lassen. Anschließend würde ich mir zum Frühstück ein paar dicke Regenwürmer suchen oder zu Vogelfreunden fliegen, die ein Futterhäuschen aufgestellt haben. Jetzt käme die Morgentoilette dran. Schließlich will ich schön sein, wenn ich zu meinem Spazierflug starte. Jeden Tag würde ich dann mehrere Stunden durch die Lüfte segeln und alle meine Freunde in den Bergen, an den Seen und in den Wäldern besuchen. Ich hätte alle Freiheit dieser Welt und könnte tun und lassen, was ich will. Das stelle ich mir ganz toll vor.

*Wie sieht deine Wunschgeschichte aus?*

Folgende vorgegebenen Satzanfänge können den Schülern eine Hilfe sein.

Ich wünsche mir ...

Wenn ich ein/eine ... wäre, ...

## Schülerbeispiele:

***Ich wünsche mir, eine Katze zu sein!***

*Wenn ich eine Katze wäre, würde ich mir einen alten Heustadel zum Schlafen aussuchen. Am Morgen dann würde ich auf das Feld gehen, um Mäuse zu fangen. Anschließend würde ich auf jemanden warten, der mich mag, mich zur Tür hineinlässt und mich zärtlich streichelt. Nun würde ich einen Mittagsschlaf machen und wenn ich aufwache, bekomme ich eine Wurst. Das wäre schön.*

***Daniela***

*Ich wollt, ich wär ein Reh, dann könnte ich das ganze Jahr im Wald leben, ohne gestört zu werden. Wann ich will, könnte ich mir im Sommer Nahrung suchen, im Winter dann an die Futterkrippe gehen, denn dorthin bringt der Förster Futter. Aus den vielen kleinen Bächen, die durch den Wald fließen, könnte ich Wasser trinken. Wenn ich kleine junge Kitze bekäme, könnte ich mit ihnen im Wald spazieren gehen. Auch schlafen könnte ich wann ich will. Das würde mir sehr gut gefallen. Das fände ich sehr schön.*

*Manuela*

## Ich wünsche mir ein Delfin zu sein!

Wenn ich ein Delfin wäre, würde ich mit den anderen Delfinen durch die Meere ziehen und den ganzen Tag mit meinen Freunden und Freundinnen zusammen sein, würde mit ihnen spielen und toben. Ich wäre frei und könnte alles machen. Das muss schön sein.

*Waltraud*

## Ich wünsche mir ein Orangensaft zu sein

Der mit den dreizehn Orangen gemacht ist und der so fruchtig schmeckt. Der, der tiefgekühlt ist und wenn dann Mehmet Scholl Durst hat, kann er mich trinken.

*Alexander*

**Name der Technik:**

# Gerüstkurzgeschichte

**Lehrplanbezug:**

- Kreativ mit Sprache umgehen
- Sprache untersuchen und aufmerksamer gebrauchen (abwechslungsreiche Satzanfänge)
- Für sich und andere schreiben

## Beschreibung der Technik:

Die Schüler erhalten auf Folie oder an der Tafel folgendes Gerüst:

An einem herrlichen ...
Ohne zu zögern ...
Plötzlich ...
Ich dachte mir:„ ...“
Tatsächlich ...
War ich froh, dass ...

Alternative:

An einem ...
Sofort beschloss ich ...
Ohne Schwierigkeiten ...
Doch plötzlich ...
Tatsächlich ...
War ich froh, dass ...

Die Satzanfänge sollen durch Ergänzungen zu einer zusammenhängenden Geschichte vervollständigt werden. Am Schluss wird eine passende Überschrift gesucht.

**Differenzierung:**

- Das Rahmenthema kann vorgegeben werden.
- Es können zwischen den vorgegebenen Satzanfängen unterschiedlich viele Sätze eingefügt werden.
- Die Geschichte kann in Einzelarbeit oder im Team entstehen.

## Schülerbeispiele:

### Die Verfolgungsjagd

An einem herrlichen Tag wollte ich zu meinem Freund.

Ohne zu zögern schnappte ich mir mein Fahrrad und schoss los.

Plötzlich fuhr ein Auto hinter mir her.

Ich dachte mir: „Was hat der bloß vor?"

Tatsächlich verfolgte mich der Wagen bis zum Haus meines Freundes.

War ich froh, dass der Mann, der aus dem Auto stieg, nur der Vater meines Freundes war, der sich einen Scherz erlaubte.

*Roland*

An einem herrlichen Tag spielte ich Fußball, um meine Technik zu verbessern.

Ohne zu zögern schoss ich mit voller Wucht auf das Tor.

Plötzlich sah ich, dass im Netz ein Loch war.

Ich dachte mir: „Das kann nicht sein!"

Tatsächlich war ein Loch im Tornetz.
Ich konnte es gar nicht glauben, dass ich so einen harten Schuss habe. Aber das Netz war im Eimer.

War ich froh, dass gerade Gemeindearbeiter kamen und die alten Netze austauschten.
Ende gut - alles gut.

*Alexander*

**Name der Technik:**

# Adjektiv-Fortsetzungsgeschichte

**Lehrplanbezug:**

- Kreativ mit Sprache umgehen
- Sprache untersuchen und aufmerksamer gebrauchen
- Für sich und andere schreiben

**Beschreibung der Technik:**

Jeder Schüler erhält unten stehende Vorgabe und überlegt sich für die Lücken möglichst treffende Adjektive.
Anschließend führt er die Geschichte sinnhaft und unter Verwendung weiterer Adjektive zu Ende.
Die Adjektive sollen unterstrichen und eine passende Überschrift formuliert werden.

**Differenzierung:**

- Diese Geschichte kann auch in der Gruppe geschrieben werden.

- Schwächere Schüler fügen nur ein Adjektiv ein.

In unserer _____________________________, ______________________ Stadt

gibt es ein ________________________, ____________________ Freizeitzentrum.

Unter anderem gibt es dort ein ____________________, __________________

Café.

Dort habe ich einen ______________________, ________________ Lieblingstisch.

Als ich heute hinkam, saß dort ein ________________________, _______________

Junge/Mädchen.

Er/Sie ...

# Schülerbeispiele:

## Eine nette Begegnung

In unserer kleinen, ruhigen Stadt

gibt es ein großes, interessantes Freizeitzentrum.

Unter anderem gibt es dort ein wunderschönes, vornehmes Café.

Dort habe ich einen runden, gemütlichen Lieblingstisch.

Als ich heute hinkam, saß dort ein süßes, schüchternes Mädchen.

Höflich frage ich das nett aussehende Mädchen: „Könntest du ein wenig hinüber rutschen?“
Die kleine Blonde schaute mich verträumt an. Noch einmal fragte ich sehr freundlich: „Könntest du ein wenig hinüber rutschen?“ Jetzt erst reagierte sie und sagte ganz leise: „Meine Mutter hat gesagt, dass ich hier warten soll, bis sie vom Frisör wiederkommt. Aber sie können sich gerne hinsetzen. Lassen Sie sich nicht von mir stören.“ Langsam setzte ich mich hin und unterhielt mich dann sehr angeregt mir ihr. Nach ca. einer halben Stunde kam ihre hübsche Mutter. „Komm Katrin, wir müssen schnell heimgehen.“ Sofort stand sie auf und ging mit ihr aus dem verräucherten Café, verabschiedete sich aber vorher noch sehr lieb von mir.

*Daniel*

## So ein Zufall

In unserer verschlafenen, kleinen Stadt

gibt es ein wunderschönes, ruhiges Freizeitzentrum.

Unter anderem gibt es dort ein nettes, gemütliches Café.

Dort habe ich einen besonderen, edlen Lieblingstisch.

Als ich heute hinkam, saß dort ein einsamer, schwarzer Junge.

Er hatte einen nagelneuen Fußball in der Hand. Neugierig starrte ich den Jungen eine Weile an. Plötzlich sprach er mich an: „Otursana (setz dich), iyi gürekli cocuk (guter Junge).“ Ich verstand ihn nicht. Auf einmal stand er zaghaft auf und drückte mich überraschenderweise auf den Stuhl. War ich vielleicht verblüfft! Bald merkte ich, dass er kein Deutsch konnte, was aber nichts ausmachte. Aufgeregt zeigte ich auf seinen schwarzweißen Ball, stand schnell auf, nahm seine große Hand und wir gingen gemeinsam zum naheliegenden Fußballplatz. Und wisst ihr was? Erst jetzt fragte ich nach seinem Namen. Er war tatsächlich der Sohn des einzigartigen Pelé.

*Alexander*

## Name der Technik:

# Ich-wollt-ich-wär-Geschichte

**Lehrplanbezug:**

Kreativ mit Sprache umgehen
- Schreiben mit Musik
- Fantasiegeschichte

Für sich und andere schreiben

## Beschreibung der Technik:

Gerade in der Pubertät sind Schüler häufig mit sich unzufrieden und träumen davon, jemand anderer / etwas anderes zu sein: Pilot, Fotomodell, Prinzessin, Ärztin, ein Science-Fiction-Held ... .

Bei dieser Technik können sie ihrer Fantasie freien Lauf lassen.
Um die Gedanken der Schüler in Fluss zu bringen, kann ein Anfang vom Lehrer vorgegeben werden, z.B.:

Mein Leben als ...

Wenn ich ... wäre, würde mein Tag so beginnen:

Ich stelle es mir fantastisch vor, ein ... zu sein.

Ich wäre so gerne ...

Mein Tagesablauf als ...

Es wäre super, wenn ich ...

**Tipp:**

Zur Anregung der Schülerfantasie empfiehlt es sich, die Schreibphase mit gedämpfter Musik zu unterstützen.

## Schülerbeispiele:

### Ich wollt ich wär ein Gärtner

Ich wollt ich wär ein Gärtner, dann würde ich alle Schulhöfe mit bunten Blumen bepflanzen, so dass die kahlen Betonplatten verschwinden würden. Das langweilige Grau würde nicht länger die Stimmung von Lehrern und Schülern vermiesen. Auch den öden Fußballplatz des Schulsportgeländes würde ich in eine strahlende Blumenwiese verwandeln, eingerahmt von Bäumen und Sträuchern. Im Mittelpunkt dieser Anlage würde sich ein kleiner Teich mit Seerosen, Fröschen und Libellen befinden.
Wäre das Schulleben nicht viel schöner?

*Bernhard*

### *Ich wollt ich wär ein Gummibärchen*

*Mein Tagesablauf als Gummibärchen würde so beginnen, dass ich mit meinen Bärchen-Freunden in meiner Bärchentüte so wunderschön glänzen und mit so erwartungsvollen Augen aus dem Regal blicken würde, dass mich eine Mutter für ihr süßes Kindchen kaufen würde. Dann würde ich nur den Augenblick herbeisehnen, wenn die Tüte endlich aufgerissen würde und ein niedliches Patschhändchen hineingreifen würde, um mich dann -schwups- zu vernaschen.*

*Christina*

**Name der Technik:**

# Teamgeschichte

**Lehrplanbezug:**

Kreativ mit Sprache umgehen
- Schreiben in der Gruppe

Für sich und andere schreiben
- Erzählen zu Reizwörtern

**Beschreibung der Technik:**

Diese Technik wird in **Gruppenarbeit** durchgeführt.

Jedes Gruppenmitglied schreibt ein Nomen auf einen Zettel und legt ihn umgedreht in die Mitte des Tisches.
Wenn jeder Schüler seinen Begriff in der Mitte abgelegt hat, werden die Zettel umgedreht und die Gruppe versucht nun gemeinsam, diese Wörter in einer Geschichte unterzubringen.
Abschließend wird durch Unterstreichen der Begriffe im Text überprüft, ob keiner ausgelassen wurde.

**Differenzierung:**

Einfacher wird die Aufgabe, wenn ein Rahmenthema vorgegeben wird (z.B. Schullandheim, Schule, Verein, Weihnachten ...).

**Schülerbeispiele:**

Schneeburg - Pferd - Tag - Wind - Wort (ohne Thema)

**Die Schneeburg und das Pferd**

Es ist ganz leise, man hört kein Wort. Alles ist kalt und weiß. „Da schau! Ein Pferd!" Es rennt genau auf die Schneeburg zu. Das Pferd ist weiß. Es ist allein und wiehert laut. Man kann seine Spuren im Schnee sehen. Auf einmal kommt ein heftiger Wind und wäscht die Spuren weg. Das Pferd galoppiert davon. Jetzt steht die Burg ganz allein da und wartet auf den nächsten Tag.

*Birgit, Ela, Petra, Claudia, Christine*

## Name der Technik:

# Blumengeschichte

## Lehrplanbezug:

Kreativ mit Sprache umgehen

Für sich und andere schreiben
- Erzählen zu Reizwörtern

Sprache untersuchen und aufmerksamer gebrauchen

## Beschreibung der Technik:

Die Blumengeschichte ist eine Variante der Reizwortgeschichte, deren grafische Aufbereitung insbesondere für jüngere Schüler zusätzliche Motivation bietet. Abgesehen von der kreativen schriftsprachlichen Leistung wird eine Übung zur Wortartenbestimmung geleistet. Die Suche von Nomen, Adjektiven oder Verben kann mit oder ohne Vorgabe eines Rahmenthemas erfolgen.

## Schülerbeispiel:

Mögliche Lösung zu ①:

1. Wenn ich reiten darf, bin ich **glücklich**.
2. An meinem **Geburtstag** gebe ich eine Party.
3. Abends bin ich nicht gerne **alleine**!
4. Vater hat **vergessen**, den **Christbaum** zu kaufen.
5. Der Hund von **Philip** ist noch sehr **klein**.
6. Dein Geschenk kann mich nicht **trösten**.
7. Ich **gehe** mit den **Schlittschuhen** zu meiner Freundin.
8. Der Ausflug war **schön**!
9. **Kleine** Kinder **weinen** oft!
10. Die Christbaumkugeln **funkeln** **schön**!

*Christina*

Mögliche Lösung zu ②:

*Philips Geburtstag*

*Philip hat Geburtstag. Er hasst es, Geburtstag zu haben, deshalb geht er alleine zum Schlittschuh fahren. Er weint und weint und da es sehr kalt ist, gefrieren ihm die Tränen auf den Wangen und fallen ihm als kleine Eiszapfen in den Schnee. Nicht einmal seine Schlittschuhe können ihn trösten. Es ist wieder einmal ein schrecklicher Geburtstag und er ist kurz vorm Verzweifeln. Vielleicht hilft der Lebkuchen, den er in seiner Tasche hat! Er holt ihn heraus und isst ihn genüsslich auf. Plötzlich sieht er in der Ferne einen Christbaum wunderschön funkeln. Er macht sich sofort auf den Weg, um ihn genauer anzusehen. Als er ihn erreicht, ist er von dem Glanz ganz überwältigt, vergisst seinen Kummer und geht glücklich heim.*

*Christina*

Suche für die verschiedenen Teile der Blüte Begriffe und entscheide dich dann für den 1. oder 2. Arbeitsauftrag in den Blättern

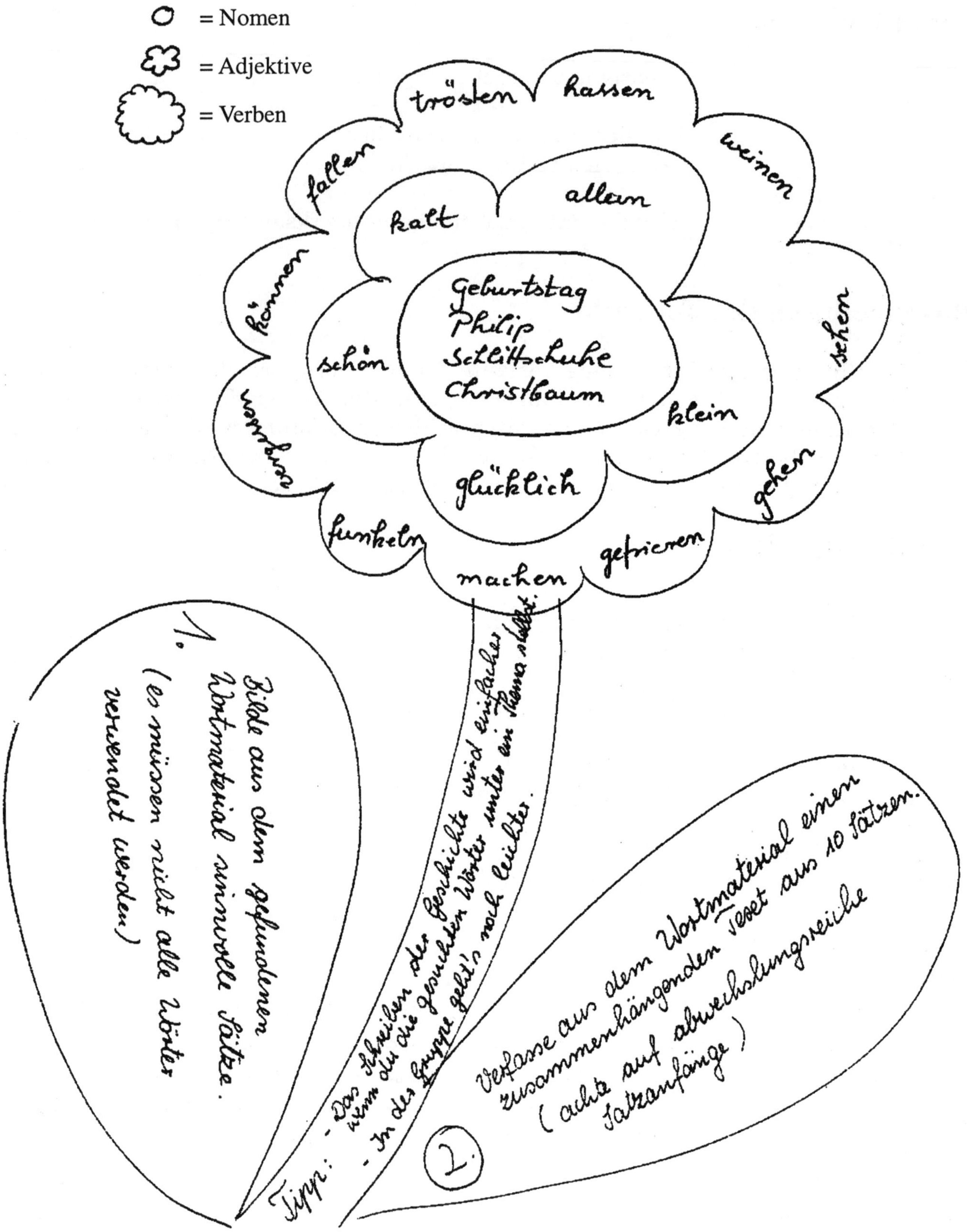

## Kopiervorlage

Suche für die verschiedenen Teile der Blüte Begriffe und entscheide dich dann für den 1. oder 2. Arbeitsauftrag in den Blättern

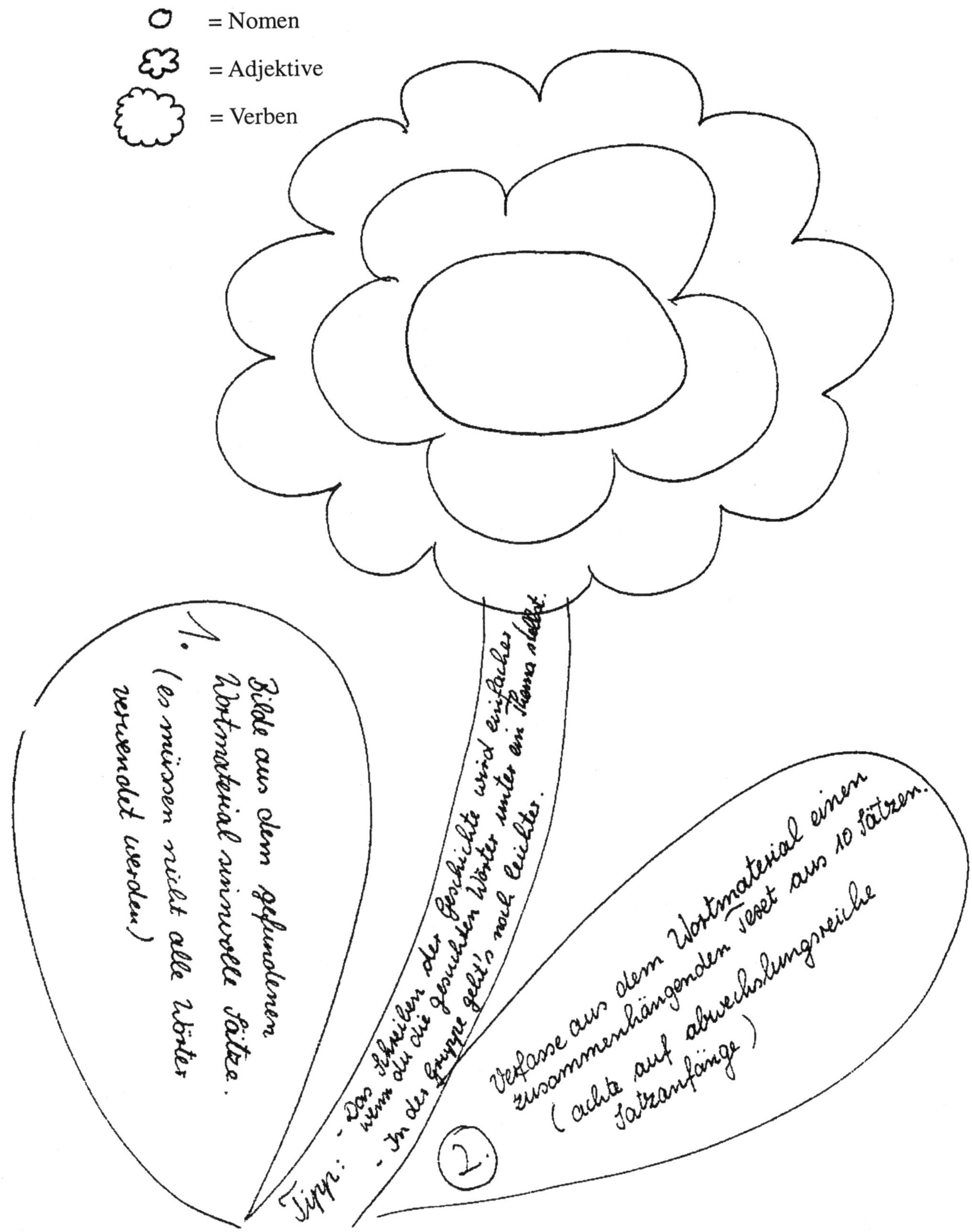

## Name der Technik:

# Fortsetzungsgeschichte

## Lehrplanbezug:

Kreativ mit Sprache umgehen
- fehlende Textteile ergänzen

Für sich und andere schreiben

## Beschreibung der Technik:

Geschichten, die nicht in ihrem Gesamtumfang von den Schülern erstellt werden müssen, sondern zu denen nur ein Ende gefunden werden muss, bieten folgende Vorteile:

1. Die Fantasie der Schüler wird angeregt.

2. Der vorhandene Text liefert Beispiele für textsortenspezifische grammatikalische Strukturen.

3. Themaverfehlungen kommen seltener vor.

4. Die in der Regel weniger zeitaufwändigen schülergerechten Textvorlagen sind schnell zur Hand.
   Will man sich nicht die Mühe machen, sie selbst zu formulieren, kann man Lesebuchtexte an geeigneten Stellen kürzen.

**Differenzierung:**

- Die Anfänge von Fortschreibegeschichten können auch von Schülern stammen.

- Anfänge von Fortsetzungsgeschichten können auch in der Gruppe erstellt und dann zum Weiterschreiben ausgetauscht werden.

## Originaltext:

### Safari im Lehnstuhl

Wenn der ehemalige Großwildjäger Dave Williams Treppen steigt, zieht er mühsam ein steifes Bein nach. „Ein paar Male bin ich selbst gejagt worden," sagt der Kenianer. Zum Beweis krempelt er den Ärmel seines Hemdes hoch, bis eine Narbe am Ellenbogen sichtbar wird. Bereitwillig erzählt er die Geschichte seiner Verletzungen.

„Damals vor zwanzig Jahren, war ich tagelang im Busch unterwegs. Plötzlich stand ein Nashorn vor mir. Dieses Tier fürchten wir Jäger, Wildhüter und Safariführer am meisten, weil es sogar Landrover umstoßen kann. Ich bin ihm aus dem Weg gegangen, statt es zu erschießen. Das war falsch! Das Nashorn warf mich zu Boden und zertrampelte mein Bein. Sekundenlang hatte ich Todesangst, dann rettete ein Schuss aus der Büchse eines Freundes mein Leben."

Heute lebt Williams weniger gefährlich. Er betreut Touristen im Aussichtshotel „Die Arche“. Das im Stil einer Arche Noah gebaute Hotel liegt mitten in der Wildnis im Nationalpark nördlich von Nairobi. Es ist bekannt für seine „Safaris im Lehnstuhl“: Statt mit Minibussen und Landrovern den Tieren hinterherzufahren, warten die Touristen an Ort und Stelle, bis das Großwild zu ihnen kommt. Angelockt wird es nämlich durch ein großes Wasserloch.

Nach einer holprigen Busfahrt durch das kenianische Hochland lauschen wir Daves Begrüßungsrede vor dem hölzernen Hotelportal. Er liefert eine Art Gebrauchsanweisung für die Nacht in der „Arche“: „Seid leise, damit die Tiere nicht verschreckt werden. Vor allem aber ist streng verboten, die ‘Arche‘ zu verlassen. Das wäre zu gefährlich!“ Wir also sind, wie sonst die Tiere im Zoo, eingeschlossen, während Elefanten und Löwen draußen frei herumlaufen.

Sechs Uhr abends, die Sonne geht unter. Fast schlagartig wird es dunkel. Afrika kennt keine Dämmerstunde. Die „Arche“, die 2386 Meter hoch liegt, wird zur Skihütte: Im Kamin prasselt ein Feuer, und auf den Gängen rascheln Anoraks und Nylonjacken. Es ist empfindlich kalt geworden. Das Thermometer zeigt höchstens noch zehn Grad Celsius. Plötzlich ertönt ein Alarmzeichen, in kurzen Abständen brummt es auf allen Stockwerken. Vor den großen Glasfenstern bilden sich Grüppchen, wer warm genug angezogen ist, stürzt auf die offene Veranda. Rings an das Holzgeländer sind riesige Scheinwerfer montiert, die das Wasserloch anstrahlen. Drei, vier Elefanten kommen im Zeitlupentempo aus der Dunkelheit geschritten und betreten würdevoll den Lichtkreis. Plötzlich stellen wir fest, dass ein Mitglied unserer Reisegruppe fehlt ... .

## Schülerbeispiel (Fortsetzungsgeschichte):

Diese Person war ich. „Ich verlor die Gruppe, indem ich in ein Wasserloch gefallen bin, weil ich nicht aufgepasst habe. Als ich mich endlich mit eigener Kraft herausgezogen hatte, war die Gruppe verschwunden. Keiner hatte etwas gemerkt.

Schnell rannte ich durch das Dickicht des Regenwaldes. Der tropische, feuchte Dampf stieg mir leicht in die Nase. Plötzlich befand ich mich in einem ruhigen Gewässer. Das warme und algenbewachsene Gewässer war unangenehm. Wegen der Hitze musste ich ganz schön schwitzen. Auf einmal schwamm etwas Raketenschnelles auf mich zu. Eine Anakonda! - Entsetzt versuchte ich aus dem Wasser zu kommen. Zu spät! Die blaugelbe Schlange hatte mich erwischt. Mich riss es unter Wasser, die Schlange zog mich hinab. Sie versuchte mich zu erwürgen. Um ein Haar hätte sie mir die Luft abgedreht. Aber die Riesenschlange wurde durch ein Geräusch abgelenkt. Das war meine Chance!
Blitzschnell drehte ich meinen Arm nach rechts, zog mein Buschmesser und stach mit allerletzter Kraft in die wild gewordene Bestie ein. Das Wasser färbte sich blutrot. Jetzt kannte ich keine Gnade mehr: Ich stach so lange auf die Schlange ein, bis sie tot war. Dann riss ich ihren abgestorbenen Leib von meinem Brustkorb weg und tauchte erschöpft auf. Dort sah ich zu meiner Verwunderung Dave Williams und die Gruppe. Sie müssen bemerkt haben, dass ich verschwunden war ...

*Stefan*

**Name der Technik:**

# Gerüstmärchen

**Lehrplanbezug:** Kreativ mit Sprache umgehen

Zugang zu literarischen Texten finden

Sprache untersuchen und aufmerksamer gebrauchen (abwechslungsreiche Satzanfänge)

## Beschreibung der Technik:

Die Schüler erhalten auf Folie oder an der Tafel folgendes Gerüst:

Überschrift: ____________________

Es war einmal ...

Sie lebten ...

Eines Tages ...

Deshalb beschloss ...

Es dauerte nicht lange ...

Als es dunkel wurde ...

Zum Glück ...

Und wenn sie nicht gestorben sind ...

Geachtet werden soll auf die Bildung vollständiger Sätze und auf das Entstehen eines zusammenhängenden Textes.

### Differenzierung:

- Das Rahmenthema kann vorgegeben werden.
- Es können zwischen den vorgegebenen Satzanfängen unterschiedlich viele Sätze eingefügt werden.
- Das Märchen kann in Einzelarbeit oder im Team entstehen.

### Tipp:

Vorausgehen sollte die Behandlung des Märchens im Literaturunterricht unter Berücksichtigung wichtiger Textmerkmale.

## Schülerbeispiele:

**Es war einmal** ein sehr armer Mann. Der musste jeden Tag in den Wald gehen, um Holz zu hacken. Als er fertig war, lud er das Holz auf den Esel und dann liefen sie nach Hause.
**Sie lebten** in einer kleinen Hütte neben dem Königsschloss. Jedes Mal brachte er dann abends dem König ein bisschen Holz und tauschte es gegen Brot.
**Eines Tages** ging er nochmals in den Wald, da hörte er ganz viele Pferde kommen. Schnell versteckte er sich abwärts. Unter ihm konnte er eine große Felswand sehen. Dort ritten die Räuber hin und blieben stehen. Jetzt rief der Anführer: „Sesam öffne dich!“ Langsam öffnete sich die große Felswand und die Räuber ritten hinein. Dann hörte er: „Sesam schließe dich!“ Das hatte der arme Mann beobachtet. Er überlegte sich, was er wohl in dieser Höhle vorfinden würde und lief so schnell er konnte heim, um alles seiner Frau zu erzählen. Der Gedanke an das Felsinnere ließ ihn nicht mehr los. Er musste unbedingt wissen, was sich dahinter verbarg.
**Deshalb beschloss** er wieder dorthin zu gehen. Auch er rief jetzt: „Sesam öffne dich“, und die Felswand öffnete sich. Was glaubt ihr, was der arme Mann da sah? Lauter Gold!
**Es dauerte nicht lange** bis der Mann seine Taschen füllte. Er nahm so viel mit, wie er nehmen konnte. Aber als er wieder gehen wollte, hatte er vergessen, mir welchem Spruch sich die Felswand von innen öffnen ließ. Nach ein paar Stunden, als er alles ausprobiert hatte, fiel es ihm wieder ein und er sprach die richtige Lösung. Endlich ging die Felswand auf.
**Als es dunkel wurde** kam er nach Hause und zeigte das Gold seiner Frau. Ihr könnt euch gar nicht vorstellen, wie sie staunte. Als der Mann alles erzählt hatte, meinte er:
„**Zum Glück** sind die Räuber nicht gekommen.“
**Und wenn sie nicht gestorben sind**, dann sind sie heute noch reich.

*Fabian*

**Die Feenwiese**

**Es war einmal** ein wunderschönes Mädchen, das den Namen Tidui bekommen hatte.
**Sie lebte** in einem armseligen Haus, war aber trotz allem glücklich und zufrieden.
**Eines Tages** schickte die Mutter Tidui in den Wald, um Heidelbeeren zu sammeln. „Komme aber nicht zu spät zurück mein Kind. Wenn die Sonne hinter den Bergen verschwunden ist, kommt die böse Hexe aus ihrem Versteck!“, ermahnte die Mutter ihre Tochter. Tidui versprach es und ging ihrer Wege. Es war ein langer mühseliger Weg und als Tidui den Wald erreicht hatte, roch sie den Duft ihrer Lieblingsblume.
**Deshalb beschloss** sie dem Duft zu folgen. Das Kind hatte ganz vergessen, warum es eigentlich da war. Es ging immer weiter und näherte sich dem Pflanzenduft.
**Es dauerte nicht lange**, da sah Tidui hinter einem Busch eine Wiese, auf der Glockenblumen wuchsen. Schnell rannte Tidui hin. Da kamen ihr Feen mit schönen Pferden entgegen. Aber die Pferde hatten Flügel, so etwas hatte ihr die Mutter schon im Märchen erzählt. „Ist das ein Traum?“, fragte sie mit ihrer zarten Stimme. „Nein, das ist kein Traum!“, antwortete eine Fee. Tidui war glücklich wie nie zuvor. Sie ritt mit den Feen an einen wunderschönen Bach, dort wuchsen Heidelbeeren. So viel wie in den Korb hineinpassten, pflückte sie.
**Als es dunkel wurde**, lief das Mädchen schnell durch den Wald heim. Das sprang ihr die Hexe in den Weg und höhnte: „Ha ,ha, jetzt werde ich dich in einen Schwan verwandeln!“ Zunächst bekam Tidui panische Angst, aber dann fiel ihr ein, dass ihr die Feen zum Abschluss eine Kette aus Blumen geschenkt hatten.
**Zum Glück**, es war nämlich eine Zauberkette. Sofort hob sie der Hexe die Kette vors Gesicht. „Aaaah!“, schrie die Hexe und verschwand.
Erleichtert lief Tidui nach Hause und erzählte alles ihrer Mutter.
Die war sehr erstaunt. Abends, als die Kleine im Bett lag, schien der Mond ins Zimmer. Tidui hielt die Kette in der Hand, sie funkelte.
„Ich werde wieder dort hingehen“, flüsterte sie leise.
**Und wenn sie nicht gestorben ist**, dann lebt sie noch heute glücklich und zufrieden.

*Simone*

## Name der Technik:

# Wer-Wo-Was-Geschichte

**Lehrplanbezug:** Kreativ mit Sprache umgehen

## Beschreibung der Technik:

**a) Wer-Wo-Was Geschichte**

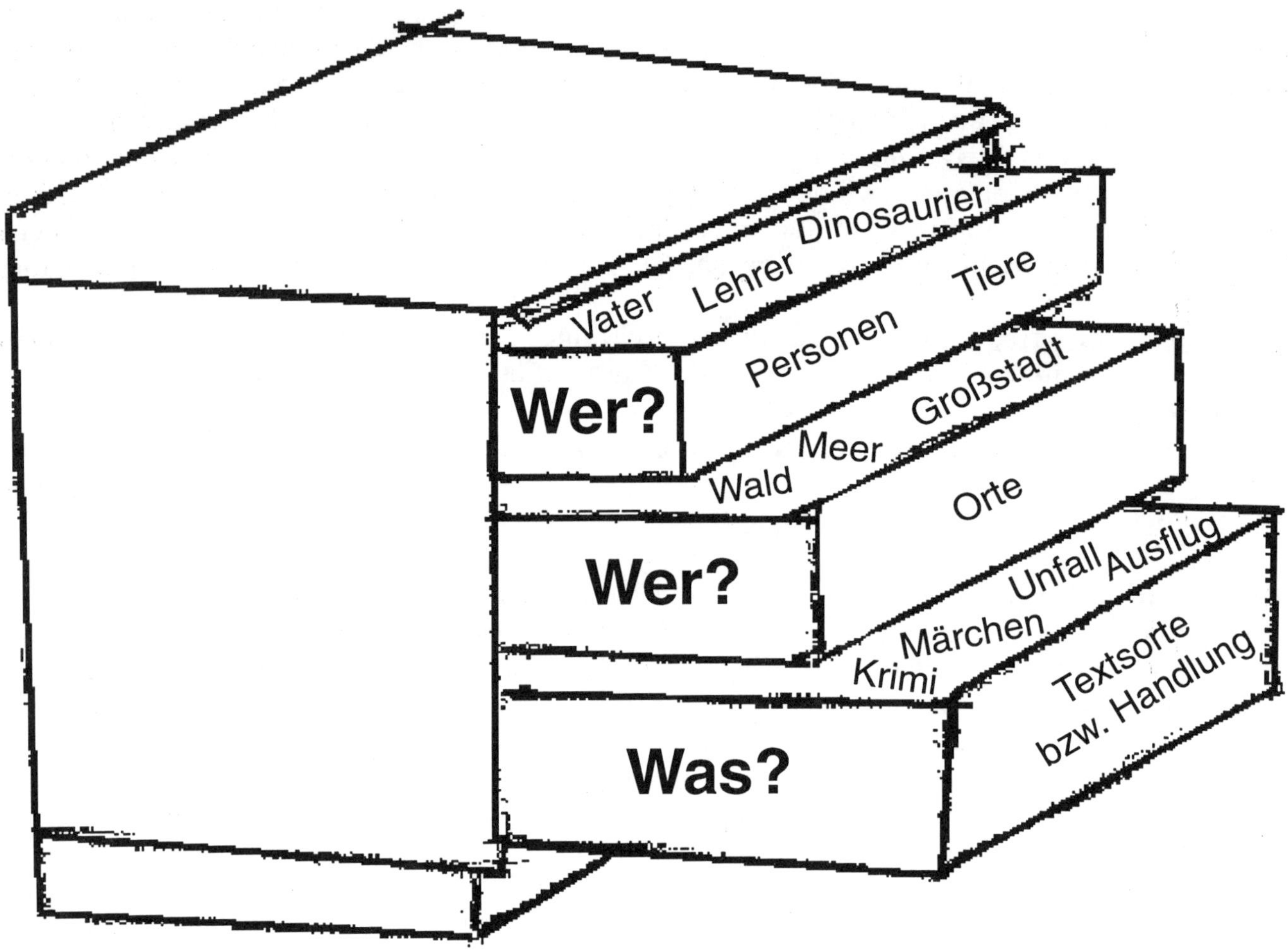


Jeder Schüler erhält drei leere Zettel in drei verschiedenen Farben (z.B. weiß, gelb, blau). Nun schreiben die Schüler auf den weißen Zettel den Namen einer Person, auf den gelben Zettel einen beliebigen Ort und auf den blauen Zettel die Textsorte (z.B.Tiergeschichte, Abenteuergeschichte, Krimi, Märchen, Liebesroman ...) oder eine Handlung.
Anschließend werden alle beschriebenen Zettel eingesammelt und jeder Schüler zieht jetzt aus dem Stapel drei verschiedenfarbige Zettel. Aus diesen drei „Reizwörtern“ soll dann eine Geschichte entstehen.

## Differenzierung:

Aufgabenlösung in Partner- oder Gruppenarbeit.

**a) Wer-Wo-Was-Geschichte**

Beispiel a:

| | | |
|---|---|---|
| Gezogene Zettel: | Wer? | Jürgen Klinsmann |
| | Wo? | Bauernhof |
| | Was? | Märchen |

Es war einmal ein schöner Bauernhof, dort lebte ein blonder Jüngling mit kräftigen Oberschenkeln. Jeden Morgen ging er in seinem Schlafanzug die Hühner wecken und stibitzte ihnen ein Ei. Dieser Jüngling hieß Jürgen Klinsmann.
Als er sich wieder einmal ein Ei genommen und gefrühstückt hatte, zog er sich an und spazierte raus auf den Hof. Er öffnete die Stalltüre. Da begrüßten ihn die Ziegen mit ihrem Meckern und die Pferde wieherten. Auch Balu, Sabu, Va, Vee, Akira und Chanell, seine Hunde, bellten erfreut und sprangen an ihm hoch. Jürgen schmuste als erstes mit all seinen Tieren. Dann fing er an sie zu füttern, melkte die Ziegen und ließ seine 20 Pferde auf die Koppel. Als alles erledigt war, wanderte er mit seinen Hunden in den tiefen, düsteren Wald. Eine frische Brise lag in der Luft. Plötzlich hörte er ein Wiehern, ein verzweifeltes Wiehern. Schnell rannte er mit seinen Hunden in die Richtung, aus der das „Hilfewiehern" kam. Bald erreichte er eine Lichtung. Doch was er sah, verschlug ihm die Sprache. Ein Einhorn und Pegasus, das geflügelte Pferd, waren in einer Schlinge gefangen. Sie zappelten wie verrückt, konnten sich aber nicht befreien. Ihre samtweichen Felle schimmerten in der Sonne, die Mähnen flogen wild umher. Langsam lief Jürgen zu ihnen.
„Ruhig! Habt keine Angst", sagte er mit einer sanften Stimme. Die Pferde schnaubten ihn an. Doch seine Hände strichen behutsam an einem Pferdebein hinunter, er befreite sie.
Pegasus stieg in die Lüfte und tanzte, das Einhorn trabte zu Jürgen.
Vorsichtig streichelte er über sein Fell. Jetzt spazierte auch Pegasus neben ihm. Auf einmal fingen die Pferde an zu leuchten, so grell, dass Jürgen die Augen schließen musste. Als er sie wieder aufmachte, stand da ein Königspaar. „Danke, dass du uns erlöst hast. Dafür schenken wir dir das!" sprach der König, gab ihm die Flügel und das Horn des Einhorns, drehte sich um und verschwand auf Nimmerwiedersehen.
Noch völlig in Gedanken versunken lief Jürgen nach Hause und lebte noch lange glücklich und zufrieden mit seinen Tieren.

*Claudia*

**a) Wer-Wo-Was-Geschichte**

Beispiel b:

| | | |
|---|---|---|
| Gezogene Zettel: | Wer? | Sabrina |
| | Wo? | Regensburg |
| | Was? | Traumpferd-Geschichte |

*Die fantastische Begegnung*

*Die 15-jährige Sabrina Stadler lebt auf dem Gestüt Eulenhof in Regensburg, zu dem eine Reitanlage gehört. Der Besitzer des Eulenhofs ist ihr Vater. An einem schönen Morgen in den Sommerferien reitet sie um halb sieben mit einem ihrer Pferde aus. Ihre Stute heißt Lady. „Im Wald wird es heute schön kühl sein, deshalb reiten wir am besten dort lang", flüstert sie ihr zu. Als sie langsam im Schritt geht, hört sie leise sanfte Hufschläge. Erst denkt sie: „Es ist bestimmt meine Freundin Carina mit ihrem neuen Pferd Benny. Ich werde sie fragen, ob sie mit mir zusammen weiterreitet."*
*Doch als sie sich umsieht, bemerkt sie etwas sehr Geheimnisvolles. Ein schneeweißer Hengst steht auf einmal vor ihr. Er sieht aus wie von weißen Schleiern umhüllt. Da steht er wie ein König in Weiß, der seinem Volk etwas Wichtiges verkünden will. Seine lange, samtartige Mähne schwebt im warmen Sommerwind.*
*Sabrina traut ihren Augen kaum. Sie steigt von Lady ab und fährt dem Hengst langsam über sein Fell. Aber genauso plötzlich wie er aufgetaucht ist verschwindet er auch wieder.*
*Noch völlig verwirrt spricht Sabrina zu Lady: „Das wird für immer und ewig unser Geheimnis sein." Sie sitzt auf und reitet nach Hause. Lange grübelt sie nach, da sie nicht glauben kann, dass sie den mysteriösen Hengst gesehen hat.*

**Jessica**

## b) Wer-Wo-Was-Märchen

Im Gegensatz zu den Wer-Wo-Was-Geschichten (Was = Textsorte) orientiert sich diese Technik erheblich enger an den typischen Strukturmerkmalen des Märchens, da sich alle drei Kriterien (Wer-Wo-Was) ausschließlich auf diese Textsorte beziehen.

Dieses Mal werden die verschiedenfarbigen Zettel vom Lehrer vorbereitet:

1. Farbe: Person
2. Farbe: Ort
3. Farbe: Schicksalsschlag bzw. Ereignis

Auch hier ziehen die Schüler aus jedem Stapel bzw. von jeder Farbe einen Zettel und fangen zu schreiben an.

Für die Mehrheit der Schüler ist es einfacher, wenn nur Zettel für die Person und für den Ort vorbereitet werden. Was in dem Märchen dann passiert, darf jeder Schüler wieder selbst entscheiden.

**Beispiele:**

**Person:** liebe Stiefmutter, stolze Prinzessin, armer Königssohn, liebe Hexe, einsamer Prinz, böse Fee ...

**Ort:** gläserner Berg, verborgene Erdhöhle, Wunderwiese, Wunderwald, Dorf 'Geh-nicht-herein', unsichtbare Burg, in die man nur an einem Tag im Jahr gelangt ...

**Schicksalsschlag/Ereignis:** verirrt sich in die Steinzeit/Zukunft; hat einen grünen Daumen; jeder, der diese Person ansieht, schrumpft auf Daumengröße; errät an einem Kitzeln im kleinen Zeh, wo ein Schatz vergraben ist; ...

**Die vorausgehende Behandlung dieser Textsorte im Literaturunterricht ist eine notwendige Voraussetzung.**

**Differenzierung:**

Beide Schreibformen können auch in Partner- oder Gruppenarbeit verfasst werden.

**Schülerbeispiel:**

Gezogene Zettel: Wer? Giftzwerg

Wo? hohler Baum, in dem ein Käuzchen wohnt

## Das Wunderherz

Es wohnte einmal ein kleines Käuzchen in einem hohlen Baum. Es lebte sehr glücklich bis zu jenem Tag. An diesem Tag kam ein kleiner Giftzwerg in das Land. Er verwüstete das halbe Land und giftete alle Tiere an. Auch an diesem Abend dachte sich das Käuzchen nichts Böses, setzte sich auf die Terrasse und schaute den Sonnenuntergang an. Doch plötzlich sah das Käuzchen, wie der Wald, in dem es lebte, immer kleiner wurde.

Entsetzt sprang es hoch und verschloss alle Fenster und Türen. Der Giftzwerg hatte ja die Aufgabe, alle Tiere anzugiften. Der hohle Baum in dem das Käuzchen lebte, war ein wenig außerhalb des Waldes. Das war sein Glück, denn der Giftzwerg verwüstete zuerst die andere Seite des Waldes.

Verzweifelt musste das Käuzchen mit ansehen, wie die Tiere im Wald sich alle anfiesten. Es musste einfach etwas unternehmen. Aber was? Da hatte es eine Idee. Es nahm das Herz, das es von einer Fee geschenkt bekommen hatte. Dann nahm es einen Pfeil, band das Herz daran und schoss es in den Himmel. Dort, wo der Pfeil den Himmel traf, zersprang das Herz und viele kleine Herzen fielen auf das Land hinunter. Auf der Stelle versöhnten sich alle Tiere wieder und überall herrschte Friede. Der Giftzwerg aber verwandelte sich durch den Herzsegen und wurde ein freundlicher Zwerg. Und wenn die Tiere nicht gestorben sind, dann leben sie noch heute glücklich und zufrieden.

*Daniel*

# Kreatives Schreiben im Lyrikunterricht

Insbesondere die Gedichtbehandlung im **Literaturunterricht** bietet vielfältige Anlässe für kreatives Schreiben.

Sowohl in der Phase der Motivation, als auch der Textanalyse, der Reflexion und insbesondere der Textproduktion können unterschiedliche Techniken Anwendung finden.

Folgende Schülerbeispiele sind nur ein kleiner Ausschnitt der Möglichkeiten, wie Schüler in motivierender Form Zugang zu Gedichten finden können.

Viele weitere Anregungen finden Sie in den Büchern und Karteien des Literaturverzeichnisses.

## Name der Technik:

# Gedicht-Puzzle

**Lehrplanbezug:**

Kreativ mit Sprache umgehen
- Texte kreativ verändern

Zugang zu literarischen Texten finden
- ausgewählte Beispiele literarischer Texte kennen lernen
- die Wirkung von Gedichten erfahren

## Beschreibung der Technik:

Die Schüler erhalten, ohne mit dem Originalgedicht konfrontiert worden zu sein, ein Arbeitsblatt mit dem Fehlergedicht zum Ausschneiden der Zeilen (siehe Kopiervorlage). Die Möglichkeit des Probierens durch das Vertauschen der ausgeschnittenen Zeilen ist sehr wichtig.

Unter Beachtung der Arbeitsanweisung versuchen nun die Schüler das Gedicht in seiner Originalform wieder herzustellen.
Bei der hier gewählten Vorgehensweise muss sich der Schüler aufs Intensivste mit dem Inhalt und der Struktur des Gedichtes (Versmaß) auseinandersetzen. Er leistet also eine selbstständige Textanalyse mit hohem Erkenntnisgrad.

**Differenzierung:**

Die Anwendung der Technik kann in vielfältiger Weise variiert werden:
1. Die Ausführung kann in Einzel-, Partner- oder Gruppenarbeit geleistet werden.
2. Es können
   - weniger Zeilen vertauscht werden,
   - weniger Strophen hergenommen werden.
3. Der Text kann in Worte (nicht in Zeilen) zerlegt werden, die dann die Grundlage für eine eigene Geschichte sein sollen (es müssen nicht alle Worte verwendet werden).

## Fehlergedicht - Kopiervorlage zum Zerschneiden:

**(Erika Krause-Gebauer)**

**Ich träume mir ein Land**

| | |
|---|---|
| 1 | Ich träume mir ein Land, |
| 2 | da wachsen tausend Bäume, |
| 3 | genauso wild wie du und ich, |
| 4 | und keine engen Räume. |
| 5 | nicht mehr und auch nicht minder. |
| 6 | da gibt es Blumen, Wiesen, Sand |
| 7 | Und Nachbarn gibt's, die freundlich sind. |
| 8 | und alle haben Kinder, |
| | |
| 1 | Ich träume mir ein Land, |
| 2 | da wachsen tausend Hecken, |
| 3 | und keines ist das beste. |
| 4 | da gibt es Felsen, Büsche, Strand |
| 5 | genauso schön wie deins und meins, |
| 6 | und kleine, dunkle Ecken. |
| 7 | und alle feiern Feste, |
| 8 | Und Nachbarn gibt's, die lustig sind, |
| | |
| 1 | Ich träume mir ein Land, |
| 2 | da wachsen tausend Bilder, |
| 3 | und keinem wird dort bange. |
| 4 | da gibt es Rot und Grün am Rand |
| 5 | genauso wie bei dir und mir, |
| 6 | und viele bunte Schilder. |
| 7 | und alles dauert lange, |
| 8 | Und Nachbarn gibt's, die langsam sind, |

*(Quelle: „Bunte Lesefolgen", Lesebuch für das 4. Schuljahr, Cornelsen-Verlag und Klasing Verlag, 1. Auflage 1983)*

**Hinweis:**
**Bei jeder Strophe dieses Gedichts stimmen Zeile 1+2. Zeile 3-8 wurden vertauscht. Du findest die richtige Reihenfolge recht leicht, da sich die Zeilen 1+3, 2+4, sowie 6+8 jeweils reimen.**

## Originalgedicht:

Erika Krause-Gebauer
**Ich träume mir ein Land**

Ich träume mir ein Land,
da wachsen tausend Bäume,
da gibt es Blumen, Wiesen, Sand
und keine engen Räume.
Und Nachbarn gibt´s, die freundlich sind,
und alle haben Kinder,
genauso wild wie du und ich,
nicht mehr und auch nicht minder.

Ich träume mir ein Land,
da wachsen tausend Hecken,
da gibt es Felsen, Büsche, Strand
und kleine dunkle Ecken.
Und Nachbarn gibt´s, die lustig sind,
und alle feiern Feste,
genauso schön wie deins und meins,
und keines ist das beste.

Ich träume mir ein Land,
da wachsen tausend Bilder,
da gibt es Rot, und Grün am Rand
und viele bunte Schilder.
Und Nachbarn gibt´s, die langsam sind,
und alles dauert lange,
genauso wie bei dir und mir,
und keinem wird dort bange.

Nach Wiederherstellung des Originalgedichtes kann sich eine gemeinsame Textanalyse informatorischer, normativer oder linguistischer Art anschließen. Dies ist aber nicht unbedingt vor der nun folgenden Phase der eigenen Textproduktion erforderlich.

Die Eigenproduktion kann auf unterschiedliche Art und Weise erfolgen:
1. Vollkommen freie Wahl der Textstruktur durch die Schüler.
2. Es wird ein Gedicht erstellt, das von der Struktur des Originals abweicht.

## Schülerbeispiele:

Ich träume mir ein Land,
da sind tausend Seen,
da gibt es eine Kletterwand,
und freche kleine Feen.
Und Nachbarn gibt's die Zwerge sind,
und Riesen gibt es auch,
genauso wie bei dir und mir,
sie haben einen großen Bauch.

Ich träume mir ein Land,
da gibt es schöne Vögel,
es gibt ein langes Band.
und es gibt feine Knödel
Und Nachbarn gibt's die lustig sind,
sie essen Kekse gerne,
genauso ist's bei dir und mir,
zusammen wollen wir in die Ferne.
von Waltraud

Ich träume mir ein Land,
auf einer kleinen Insel,
mit Palmen, Meer und Sand.
Dann brauch ich einen Pinsel,
und male an die Wand.
Eine große Zitrone,
mit lauter Punkten drauf,
da fehlt nur noch eine Melone,
dann ist's fertig zum Verkauf.

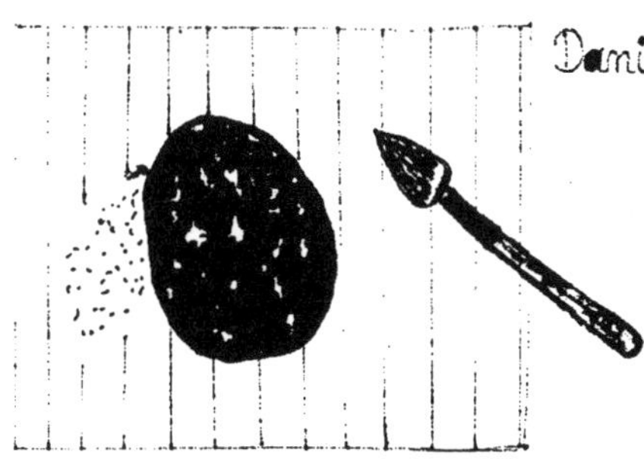

Daniela

3. Versuche, eine Fantasiegeschichte zu entwerfen, die sich am Inhalt des Gedichts orientiert.

**Alternativangebot ohne Beispiel**

**Kopiervorlage zum Zerschneiden nach Zeilen:**

**Joachim Ringelnatz, Schenken**

| |
|---|
| **Schenke groß oder klein,** |
| Die Gaben wiegen, |
| Wenn die Bedachten |
| Sei dein Gewissen rein |
| Aber immer gediegen. |
| **Schenke herzlich und frei.** |
| So dass die eigene Freude zuvor |
| Schenke dabei |
| An Meinung, Geschmack und Humor, |
| Was in dir wohnt |
| Dich reichlich belohnt. |
| **Schenke mit Geist ohne List.** |
| Dass dein Geschenk |
| Du selber bist. |
| Sei eingedenk, |

**Kopiervorlage zum Zerschneiden nach Einzelwörtern:**

**Joachim Ringelnatz: Schenken (Originalgedicht)**

| | | | | | |
|---|---|---|---|---|---|
| Schenke | groß | oder | klein | | |
| Aber | immer | gediegen | | | |
| Wenn | die | Bedachten | | | |
| Die | Gaben | wiegen | | | |
| Sei | dein | Gewissen | rein. | | |
| Schenke | herzlich | und | frei | | |
| Schenke | dabei | | | | |
| Was | in | dir | wohnt | | |
| An | Meinung, | Geschmack | und | Humor, | |
| So | dass | die | eigene | Freude | zuvor |
| Dich | reichlich | belohnt. | | | |
| Schenke | mit | Geist | ohne | List. | |
| Sei | eingedenk, | | | | |
| Dass | dein | Geschenk | | | |
| Du | selber | bist. | | | |

## Name der Technik:

# Gedichtveränderung

## Lehrplanbezug:

Kreativ mit Sprache umgehen
- Text kreativ verändern

Zugang zu literarischen Texten finden
- ausgewählte Beispiele literarischer Texte kennen lernen
- die Wirkung von Gedichten erfahren und anderen vermitteln

## Beschreibung der Technik:

Bei einer Gedichtveränderung wird durch Weglassen und Umdichten von Strophen der Inhalt in vorgegebener (vom Lehrer) oder nicht vorgegebener Art und Weise verändert.
Eine Textanalyse muss vorausgehen, um ein fundiertes Textverständnis bei den Schülern zu sichern. Nur so kann eine sinnvolle Textveränderung erfolgen.

In der vorliegenden Gedichtfabel 'Fink und Frosch' von Wilhelm Busch wurde in der Phase der Textreflexion bemängelt, dass der Frosch auf Grund seiner Selbstüberschätzung sterben musste. So wurde beschlossen, den Text ab der 2. Zeile der 4. Strophe dichterisch neu zu gestalten und die 5. Strophe wegzulassen.
Wie unterschiedlich die Gedichtfortführungen ausgefallen sind, zeigen folgende Schülerbeispiele einer 5. Klasse.

### Differenzierung:

Dichten in Partner- oder Gruppenarbeit.

### Tipp:

Die neu gestalteten Gedichte lassen sich gut als Schattenspiel in Verbindung mit Rollenlesen darstellen.

Material für ein einfaches Schattenspiel:
- Fink, Frosch und Baum im Umriss auf Tonpapier zeichnen, ausschneiden
- die Tonpapier-Schablonen an Stäbchen befestigen
- mit Hilfe des Overheadprojektors die Umrisse an die Wand werfen

Auf diese Weise wird der dichterischen Leistung eine besondere Wertschätzung zuteil.

**Original:**

**Fink und Frosch**

Im Apfelbaume pfeift der Fink
sein pinkepink!
Ein Laubfrosch klettert mühsam nach
bis auf des Baumes Blätterdach
und bläht sich auf und quakt: „Ja, ja!
Herr Nachbar, ik bin och noch da!"

Und wie der Vogel frisch und süß
sein Frühlingslied erklingen ließ,
gleich muss der Frosch in rauen Tönen
den Schusterbass dazwischen dröhnen.

„Juchheija, heija!", spricht der Fink
„fort flieg ich flink!"
Und schwingt sich in die Lüfte hoch.

„Wat!", ruft der Frosch, „dat kann ik och!"
Macht einen ungeschickten Satz,
fällt auf den harten Gartenplatz,
ist platt, wie man die Kuchen backt,
und hat für ewig ausgequakt.

Wenn einer, der mit Mühe kaum
geklettert ist auf einen Baum,
schon meint, dass er ein Vogel wär,
so irrt sich der.

Wilhelm Busch

**Schülerbeispiele:**

... „Wat!“, ruft der Frosch, „dat kann ik och!“
Macht einen ungeschickten Satz,
kann gerade noch den Ast erreichen.
hebt sich fest und schwingt sich rauf
und sagt: „Dat tut mir leid,
ik habe mich überschätzt!“
Doch der Vogel war schon lange weg.

*Daniela*

... „Wat!“, ruft der Frosch, „dat kann ik och!“
Macht einen ungeschickten Satz,
fällt von Ast zu Ast auf ein großes Büschel Moos,
danach denkt er nur: „Was war denn los?“
Dann hüpft er zu seinem Teich und sagt:
„Man bin ik doof.“
*Christoph*

... „Wat!“, ruft der Frosch, „dat kann ik och!“
Macht einen graziösen Satz,
und landet auf dem Gartenplatz.
Er schaut verdattert um sich her
und sagt: „Fliegen tu ich nimmer mehr!“.
*Simone, Daniela B.*

*... „Wat!“, ruft der Frosch, „dat kann ik och!“*
*Macht einen geschickten Satz,*
*wie ein flinker Spatz.*
*Landet munter und quietschfidel,*
*im schönen See von Natradel.*
*Florian, Fabian*

*... „Wat!“, ruft der Frosch, „dat kann ik och!“*
*macht einen geschickten Satz,*
*und landet auf dem Gartenplatz,*
*ist nicht platt wie man die Kuchen backt,*
*sondern lebt und quakt.*

*Margret, Waltraud*

## Name der Technik:

# Schriftliche Gedichtreflexion

**Lehrplanbezug:**

Kreativ mit Sprache umgehen
- Schreiben nach Musik

Zugang zu literarischen Texten finden
- ausgewählte Beispiele literarischer Texte kennen lernen
- die Wirkung von Gedichten erfahren

## Beschreibung der Technik:

Auch die wertende Phase bei der Gedichtbehandlung kann in kreativen Schreibformen von den Schülern geleistet werden.
Dabei ist es nicht immer erforderlich, bestimmte Textsorten oder Textstrukturen erstellen zu lassen.

**Tipp:**

Der meditative Charakter dieser Schreibform lässt den Einsatz von leiser Hintergrundmusik als sinnvoll erscheinen.

## Ausgangstext:

**Albrecht Goes**

**Die Schritte**

Klein ist, mein Kind, dein erster Schritt,
Klein wird dein letzter sein.
Den ersten gehn Vater und Mutter mit,
Den letzten gehst du allein.

Seis um ein Jahr, dann gehst du, Kind,
Viel Schritte unbewacht,
Wer weiß, was das dann für Schritte sind
Im Licht und in der Nacht?

Geh kühnen Schritt, tu tapfren Tritt,
Groß ist die Welt und dein.
Wir werden, mein Kind, nach dem letzten Schritt
Wieder beisammen sein.

## Schülerbeispiel:

*Säugling*
*Man ist klein,*
*ist auf die Hilfe der Eltern angewiesen.*

*Kindheit*
*Alles will man ausprobieren,*
*alles erleben.*

*Jugend*
*Wir wollen schon erwachsen sein.*
*Müssen aber noch sehr viel lernen,*
*was im Leben geschieht.*

*Erwachsene*
*Müssen zur Arbeit,*
*haben oft schlechte Laune.*
*Regen sich auf,*
*wenn sie graue Haare bekommen.*

*Alte Leute*
*Haben viel Zeit.*
*Für sie ist der Tod nicht so schlimm,*
*wie für junge Leute.*

***Nicole***

**Name der Technik:**

# Kreatives Schreiben in Verbindung mit der Jugendbucharbeit

Die Arbeit mit dem Jugendbuch hat im neuen Hauptschul-Lehrplan eine Aufwertung erfahren, da in jeder Jahrgangsstufe das verpflichtende Lesen einer Ganzschrift vorgesehen ist.

Im Rahmen dieses Unterrichts bietet sich der Einsatz vieler der beschriebenen Techniken in besonderer Weise an, wie folgende Beispiele zeigen.

Beispiele aus Jugendbuchbegleitheften für den Einsatz kreativer Schreibtechniken (entnommen aus: Brigitte Stiefenhofer (Hrsg.), „Jugendliteratur 5/6“, pb-Verlag)

①

2. Was für Eigenschaften fallen dir ein, wenn man ein Kind als „schlimmes Kind“ bezeichnet?

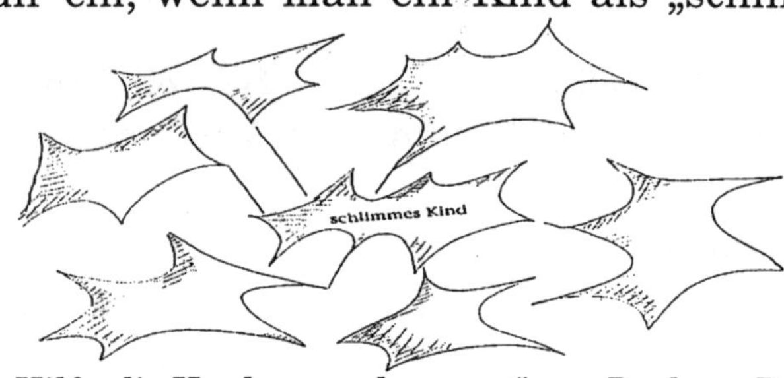


*(aus dem Begleitheft zu dem Jugendbuch „Hilfe, die Herdmanns kommen“ von Barbara Robinson)*

②

8. Kapitel

1. Die Buchstaben des folgenden Wortes dienen als Anfangsbuchstaben der Zeile. Suche zu jedem Buchstaben ein Wort, das dir zu dem Thema besonders wichtig ist oder das in dem Kapitel vorkommt.

W
A
L
S
T
E
R
B
E
N

*(aus dem Begleitheft zu dem Jugendbuch „Die sanften Riesen der Meere“ von Nina Rauprich)*

*(aus dem Begleitheft zu dem Jugendbuch „Der liebe Herr Teufel“ von Christine Nöstlinger)*

# Klassentagebuch

Als Klassentagebuch eignet sich ein dickes DIN A4-Buch mit leeren karierten Seiten. Dieses Buch erhält jeden Tag ein anderer Schüler. Er soll in frei gewählter Form (Zeichnung, Bericht, Gedicht, Erzählung, Aufruf ...) zum Geschehen in der Klasse (Unterricht, Verhalten der Mitschüler, besondere Vorkommnisse ...) Stellung nehmen.

Alternativ kann die Nutzung des Buches auch von jedem Schüler wahrgenommen werden, der das Bedürfnis hat, sich zu Klassenangelegenheiten zu äußern. Auch Lehrer, Praktikanten, Mobile Reserven, Hausmeister, ... könnten sich von Zeit zu Zeit darin äußern.

**Das Buch muss jederzeit zugänglich sein!**

Das Klassentagebuch ist in mehrfacher Hinsicht eine dienliche Einrichtung:

1. Es kann zur gemeinsamen Reflexion der Klassensituation motivieren und damit langfristig das Sozialverhalten verbessern.

2. Es dient dem Aggressionsabbau.

3. Einträge, die die Harmonie der Klassengemeinschaft verletzen, können als Grundlage für Klassenkonferenzen dienen.

4. Es kann Grundlage sein, für eine gemeinsame Rückschau am Schuljahresende.

## Beispiele aus einem Klassentagebuch:

14.9.

Wir wünschen allen schöne Ferien und einen guten Schulanfang!!! Corinna + Annegret

16.9.

Eine lustige und fröhliche Klasse!
R. [illegible]
(Mobile Reserve)

16.9.

Ich freue mich eigentlich wieder auf die Schule. Und ich will mich bemühen
Sabrina B.
Jessica P.
Claudia M.

4.10.

Ich freue mich schon aufs Schullandheim. Hoffentlich wird es toll.
Raphaela

8.11.

Wir machten heute einen Übungszirkel über das Wörterbuch. Dabei war es aber zu laut!

Markus

14.11.

Ich finde es nicht gut, dass manche mit den Sachen in der Freiarbeit so schlecht umgehen.
Sabine

8.12.

Diesmal hat sich die Klasse sehr bemüht, gut mitzuarbeiten und keiner hat wesentliche Schwierigkeiten gemacht. Es hat Spaß gemacht, sie zu unterrichten.

B. König
(Fachlehrer)

18.11

Die Teichgruppe hat klasse gearbeitet. Jetzt kann der Teich in die Winterruhe gehen.

[illegible]
(Lehrerin)

14.2.

Ich finde gut, dass wir Geburtstag in der Schule feiern dürfen.
Raphaela

# Kreatives Schreiben im Rahmen von Projekten

Die Unterrichtspraxis zeigt, dass nach der Einführung verschiedener kreativer Schreibformen Schüler auch in Eigeninitiative immer wieder auf diese Techniken zurückgreifen.

Insbesondere im Rahmen von Projekten, in denen die Kinder und Jugendlichen ja vorwiegend selbstverantwortlich arbeiten, besinnen sich diese gerne auf die attraktiven Artikulationsmöglichkeiten des kreativen Schreibens, die in der Regel auch bei Veröffentlichungen oder Ausstellungen großen Beifall finden.

Die nachfolgenden Beispiele bezeugen den Einfallsreichtum und die sprachliche Kreativität unserer Schüler.

**Folgende Texte wurden von Schülern einer 5. Klasse im Rahmen des Projektes „Natur/Umweltschutz" selbstständig verfasst:**

Der Wal
Er ist groß und stark,
Manche Menschen jagen sie,
Sie haben tiefe, sehr tiefe
Es gibt mehrere Arten,
Es gibt seltene Arten,
Es gibt größere und kleinere Arten,

**Bildimpuls: Baum inmitten einer blühenden Wiese (siehe S. 79)**

**Die duftende Wiese - später
eine stinkende Fabrik**

Frühling, eine große Wiese mit gelben
duftenden Blumen. Viele Bienen
wandern von Blume zu Blume und
sammeln den Blütenstaub.
Dort am Baume entdecke ich ein kleines Loch,
wo es tief hineingeht und
die Bienen ein- und auswandern.
Die Sonne brennt auf die Blumen
und ein duftender Schleier hebt sich ab.
Und jetzt nach zwei Jahren steht ein große Fabrik in dieser Lichtung,
eine stinkende Gummifabrik.

*Christoph*

*Ich liege im Gras und höre den Vögeln beim Zwitschern zu. Bienen summen, eine Eidechse sonnt sich auf einem großen Stein, es ist richtig gemütlich. Die Blätter flattern im Wind hin und her. Der Duft von Blumen und Gräsern steigt mir in die Nase. Leise summe ich vor mich hin. Meine Augen fallen zu und ich träume von Wiesen und Heiden, in denen die Tiere ein fröhliches und lustiges Leben führen. Ihnen droht keine Gefahr. Sie leben in einer Zeit, in der es noch keinen Kunstdünger oder pflanzenschädliches Zeug gibt.*
*Doch plötzlich fällt mir ein, dass ich um vier Uhr zu Hause sein muss. Schlagartig setze ich mich auf und schaue auf meine Uhr. „Schade!“, murmele ich, „schon halb vier.“ Langsam setze ich mich auf, schlendere zu meinem Fahrrad und fahre gemütlich los.*
*Abends, als ich in meinem Bett liege, denke ich noch über den schönen Tag nach. Friedlich schlummere ich ein und träume von der bunten Tier- und Pflanzenwelt.*

*Raphaela*

grün
die Wiese
am ruhigen See
abends quaken die
Frösche
Nacht

blau
das Meer
es tobt laut
und verschlingt die Stadt
finito

*Sigi*

**Folgende Texte wurden von Schülern einer 6. Klasse im Rahmen des Projektes „Kinderarbeit/Armut in Lateinamerika“ selbstständig verfasst:**

*__Warum__ müssen Kinder in dem Alter sterben?*
*__Wieso__ sind die Menschen so arm?*
*__Wieso__ müssen so kleine Kinder schon arbeiten?*
*__Wann__ werden die Kinder so wie wir sein?*
*__Wer__ tut ihnen das alles an?*
*__Weshalb__ verhungern sie?*
*__Wie__ kann man ihnen helfen?*
*__Wieso__ bekommen sie keine Arbeit?*
*__Wo__ können sie schlafen?*
*__Warum__ gibt es Arme?*
*__Warum__ bekommen sie für so viel Arbeit so wenig Essen?*
*__Warum__ helfen die Reichen nicht den Armen, sondern zahlen für deren Tod?*

*Fridolin*

**Kinder arbeiten überall.**
Alle sind krank und manche schwer verletzt
durch die Arbeit.
**Kinder arbeiten überall.**
Als Losverkäufer, Autowäscher, Autobewacher,
Schuhputzer, in der Ziegelei, im Steinbruch und
es gibt noch viele andere Berufe, die Kinder ausüben können.
Kinder hungern, weil sie, egal was sie machen,
nie genug zusammen bekommen.
**Kinder arbeiten überall.**

*Thomas*

***K** inderarbeit ist schlimm.*
***I** mmer mehr Kinder müssen arbeiten.*
***N** achts und am Tag - immer nur arbeiten - keine Schule.*
***D** iebe, sie stehlen nur, weil sie kein Geld , keine Anziehsachen, nichts haben.*
***E** s ist sehr grausam.*
***R** eiche Leute könnten helfen.*
***A** rm sein ist hart.*
***R** etter für diese Kinder gibt es nicht, oder?*
***B** itterer Tod.*
***E** s müssen 20 Millionen Kinder auf der Welt arbeiten.*
***I** n Müllhaufen müssen viele leben.*
***T** raurig ist diese Welt.*

*Corinna*

**Armut in der 3. Welt**

Die Armen werden grausam von manchen Menschen hingerichtet.
Manchmal muss man aber an die, die stehlen und betteln auch denken.
Warum stehlen sie ?
Warum betteln sie?
Man kann es sich nicht immer vorstellen, aber wenn man sich Gedanken darüber macht, kommt man darauf. Versuch dich in die Lage der Armen hineinzuversetzen und überlege, ob du auch stehlen würdest, wenn du am Verhungern bist.

*Tanja*

**Folgende Texte wurden von Schülern einer 6. Klasse im Rahmen eines Schuljahrprojektes „Text- und Gedichtband - 4 Jahreszeiten“ selbstständig verfasst:**

# *Frühling*

golden
goldene Sonne
goldene Sonne scheint
goldene Sonne scheint fröhlich
Frühling

**Der Frühling**

Wie wundervoll ist die Natur,
man sieht so viele Blüten;

auch sieht man Schafe auf der Flur
und Schäfer, die sie hüten.

Ein leises Lied erklingt im Tal,
der müde Wanderer singt es.

Ein süßer Duft ist überall,
bloß hier im Zimmer stinkt es!

*Manuel*

**Frühling**

*Er kommt mit lauen Lüften*
*zu uns mit seinen Blütendüften.*
*Die Vögel zwitschern in den Bäumen,*
*wir haben wieder Lust zum Träumen.*
*Uns hält nichts mehr im Haus.*
*Wir wollen nur noch raus.*
*Überall da sitzen Küken,*
*die aus ihren Nestern blicken.*

*Claudius*

***Der Frühling***

*Der Frühling ist nun Herr im Haus,*
*die Kinder treibt's zum Haus hinaus.*
*Die Sonne scheint schon warm und schön,*
*da hat man Lust, durch die bunten Wiesen*
*spazieren zu geh'n.*

*Die Knospen an den Bäumen,*
*die fangen an zu blühen.*
*Niemand hält uns mehr in den Räumen,*
*auch wenn wir uns noch so sehr bemühen.*

*Tulpen, Osterglocken und Narzissen,*
*am Gartentisch die blauen Kissen.*
*Die Vögel fangen an ihre Nester zu bauen.*
*Schon bald kann man die jungen Tiere anschauen .*

*Tanja*

**Frühling**

Die Knospen springen auf,
fangen an zu blühen.
Es wird heißer, es wird heller,
der Frühling, der kommt immer schneller.
Die Vögel zwitschern von den Bäumen,
wir fangen an zu träumen!
Die Bienen machen summ summ,
der Winter, der ist um.
Endlich ist der Frühling da,
und wir freuen uns mit der Vogelschar.

*Markus*

**Der Vogelschwarm**

Aus dem Sonnenuntergang heraus fliegen
Tausende von Vögeln.
Sie kommen vom warmen Süden.
Lange Strapazen mussten sie auf dem Weg nach
Hause überstehen. Nur wenige haben überlebt.
Müde lassen sie sich auf Bäumen oder Stromleitungen nieder,
und sind froh,
endlich wieder daheim zu sein.

*Simone und Birgit*

Frühling

v. Sandra

Frühling, Frühling komm schnell her
mit dem ganzen Blumenmeer.
Lass die Vögel tanzen, springen
aber auch den Frühling singen.

Lass sie doch im Bäumlein sitzen
gleich hier in unserm Garten.
Lass uns nicht mehr lange warten
lass sie aus dem Bäumlein spitzeln.

Frühling ist jetzt schon im Land
und am Himmel ein blaues Band.
Ein kalter Wind um meine Ohren –
hast du denn die Stimmung
verloren?

Schau – ein leuchtend gelber Punkt
am Himmel
und dort der Reiter auf dem Schimmel
Spatzen, Finken alle da!
Das ist Frühling hurra, hurra!

# Sommer

*Sonne*
*scheint warm*
*in mein Gesicht*
*ich fühle mich wohl*
*bis es zu heiß wird*
*Sonne*

**Sonne**

Sie scheint
Ich freue mich
Auch in meinem Herzen
scheint die Sonne heute hell
Ich bin heute nämlich gut drauf
Sonne

**Der Sommer**

**Sommer heuer bringt uns nur Regen,**
**wie sollen wir Kinder uns da draußen bewegen,**
**Schick uns bald den Sonnenschein,**
**dann wird alle Welt glücklich sein.**
**Und wenn die Sonne wieder lacht,**
**das Baden wieder Freude macht,**
**dann nichts wie rein in das Vergnügen,**
**von dem wir nie genug können kriegen.**
**Daniel**

Sommeralm

Ich gehe in der Früh spazieren,
wo mich die Düfte der Blumen führen.
Erst mittags komme ich nach Haus,
und packe meine Fröhlichkeit aus.
Kurz vor mir kann ich einen Weiher sehn,
dort möchte ich zum Baden gehn.
Viele Pferde grasen hier,
sie grasen direkt neben mir.
Spät abends, oh wie schön,
sehe ich die Sonne untergehn.
Im Bett, wo ich gern denken mag,
freue ich mich auf den nächsten
Sommertag!!

gelb
die Sonne
steht am Himmel
scheint fast jeden Tag
schön

weinrot
eine Kirsche
wächst an Bäumen
schmeckt süß und gut
mampf

grün
sind Wiesen
manchmal auch bunt
sie riechen meistens toll
schön

blau
das Freibad
kühl und erfrischend
da gibt es Eis
mmhh

**Gerüstgeschichte zum Thema „Sommer"**

*An einem herrlichen* Sommermorgen brach ich mit meinen Eltern zu einer Bergtour auf.
*Sofort beschloss ich,* mit ihnen zum Gipfel zu gehen.
*Ohne Schwierigkeiten* kamen wir bis zu der Hütte, die nach 200 m unter dem ersehnten Ziel lag.
*Doch plötzlich* zogen dicke schwarze Wolken am Himmel herauf.
*Ich befürchtete*, dass ein Unwetter hereinbrechen würde, deshalb kehrten wir ein.
*Tatsächlich* begann es auch schon zu regnen.
*War ich froh, dass* wir auf der Hütte Unterschlupf gefunden hatten. Den Gipfel konnten wir am nächsten Tag ja auch noch erklimmen.

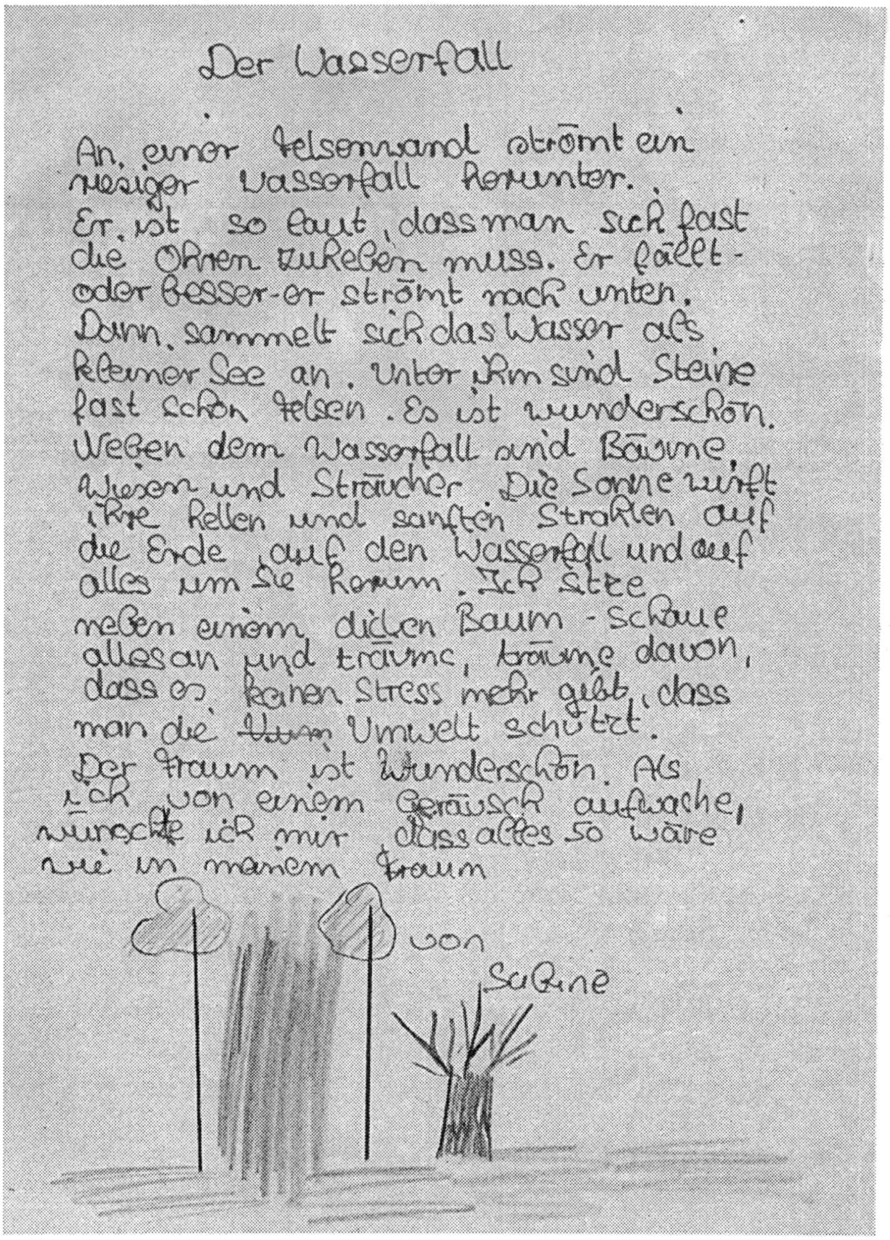

Der Wasserfall

An einer Felsenwand strömt ein
riesiger Wasserfall herunter.
Er ist so laut, dassman sich fast
die Ohren zukleben muss. Er fällt -
oder besser-er strömt nach unten.
Dann sammelt sich das Wasser als
kleiner See an. Unter ihm sind Steine
fast schon Felsen. Es ist wunderschön.
Neben dem Wasserfall sind Bäume,
Wiesen und Sträucher. Die Sonne wirft
ihre hellen und sanften Strahlen auf
die Erde, auf den Wasserfall und auf
alles um sie herum. Ich sitze
neben einem dicken Baum - schaue
allesan und träume, träume davon,
dass es keinen Stress mehr gibt, dass
man die ~~Um~~ Umwelt schützt.
Der Traum ist wunderschön. Als
ich von einem Geräusch aufwache,
wünschte ich mir, dass alles so wäre
wie in meinem Traum

von
Sabine

**Der Wasserfall**

Mit vielen Steinen umringt,
so singt,
so lieblich erklingt,
seine Melodie,
rauschend den Berg hinab.
***Corinna***

# Herbst

## Herbstgedicht

Der Herbst ist schön um spazieren zu gehen.
Der Herbst liebt Wind und Sturm.
Der Herbst ist da
man glaubt es kaum

Herbst
wieder Herbst
Nebel zieht auf
Drachen fliegen gen Himmel
Vögel suchen eine neue Heimat
Herbst

## Herbsttag

Überall ist es Herbst geworden.
Die Blätter fallen von den Bäumen.
Aus den Flüssen steigt der Nebel empor.
Igel und Hasen suchen sich ihr Winterquartier. Die meisten Felder sind schon bestellt, nur der Bauer Hans ackert noch auf seinem Feld. Oben am Himmel flattern Drachen, die mit großen Augen auf uns herunterlachen.
Ach wie schön ist der Herbst!

*Marc*

## Der schöne Herbst

Der Herbst hat manches was ich mag,
die Sonne wird nicht mehr zur Plag.
Die bunten Blätter weht der Wind,
fort geschwind!
Bunte Bäume sind zu sehen,
da ist es schön spazieren zu gehen.
Schöne Äpfel werden gepflückt,
da bin ich vor Freude entzückt.

*Gabi*

## Die einsame Blumenwelt

**Ganz einsam** ist die dunkle Pracht.
**Ganz einsam** stehen die Blumen in dem Wasser.
**Ganz einsam** rauscht das Wasser an den Blumen vorbei.
**Ganz einsam** schwebt der Nebel am See vorbei.
**Ganz einsam** steht der lilane Horizont über der Blumenpracht.
**Ganz einsam** wird der See sein.
**Ganz einsam** wird der lila Himmel verschwinden.

*Petra und Christine*

Der Herbst
Wer lässt die Früchte reifen
und Nebel über die Felder streifen?
Wer färbt bunt der Bäume Blätterkleid
und zerpustet dann die ganze Herrlichkeit?
Wer zeigt schon mal ein trübes Gesicht
und dann wieder warmes Sonnenlicht?
Wer lässt die Kinder ins Grüne streben
und Drachen hoch in die Lüfte schweben?
Wer kann wohl dieser Zauberer sein?
Es ist der goldene Herbst allein.
von Stefanie

# Winter

***Bildvorgabe: Winterlandschaft***

## Ein Wintermorgen

Kahle, weiße und tote Bäume, der Nebel ruht auf den Wiesen. Ein kleines Haus steht einsam inmitten von Schnee und Nebel. Es fährt kein Auto, keine Vögel zwitschern. Ich stehe am Fenster und schaue zur Sonne, sie ist grell gelb, ich sehe den Nebel hochsteigen. Plötzlich, da huscht eine Katze vorbei, der Wald liegt schon im Nebel. Draußen ist es still, ganz still. Auf einmal höre ich einen Motor, da kommt der Bauer mit seinem Traktor, er bringt seine Milch in die Molkerei. Aus dem Kamin des Hauses kommt Rauch heraus. Hier und dort sind große Schneeballen, das Kreuz an der Straße ist über und über mit Schnee bedeckt, genauso wie die Hundehütte von Lux. Ich werde vom Anblick der ganzen Pracht so müde, dass ich einschlafen möchte. *Manuel*

## Verschneite Welt

Es ist Winter. Alles ist ruhig und still. Nur ein paar Leute sind zu sehen.
Viele Tiere haben sich in ihre Höhlen verkrochen und träumen von einer weißen Welt.
Der Wald steht verlassen und ist von einer weißen Decke aus Schnee überrieselt.
Nur der große Berg schaut in die Winterlandschaft hinein.
Ist das nicht wunderbar?

*Stefan & Simon*

## Der Winter

Heut Morgen schaue ich zum Fenster raus,
die Welt sieht wie gepudert aus.
Vor meinen Augen tanzen Flocken
ich glaub' die woll'n die Kinder locken.
Nichts wie rein in die Hosen,
denn jetzt woll'n die Kleinen und die Großen
hinaus in diese weiße Pracht,
die uns der Winter hat gebracht,
Wir bauen uns zuerst 'nen Schneemann,
dem stecken wir 'ne Nase an.
Und auf den Kopf
da setzen wir 'nen schwarzen Topf.
Aus Steinen, ja man kann's kaum glauben.
Erhält er noch die schönsten Augen.
Die Mutter ruft uns jetzt hinein
und wir, wir müssen artig sein,
doch morgen geht's wieder hinaus
dann bauen wir uns ein Schneehaus.

*Marco*

## Die Winterpracht

Wir sitzen am warmen Ofen
und lassen es uns gutgehen
und finden die Winterpracht
wunderschön.
Andere dagegen, für die ist der Winter
der sichere Tod. Nämlich für die, denen
es nicht gut geht
und die hungern müssen.

*Alexander*

**W**olle
**I**glu
**N**ebel
**T**annenzapfen
**E**isblumen
**R**odeln
*Monika*

*weiß*
*viel Schnee*
*liegt am Boden*
*er fällt vom Himmel*
*kalt!*

Wintertag!

Kälte am Morgen
Bus verpasst
Trübe Gefühle
Der Winter
Die Kälte
Eis
Nässe
Nikolaus
Oh ja, ein Schokoladennikolaus!

Der Wintertag

Draußen fällt leise der Schnee.
Drinnen trinken wir warmen Tee.
Im Kamin prasselt das Feuer.
Wir erzählen von Rittern und Drachen,
und müssen bei einigem lachen.
Jetzt steht Peterchen auf und ruft:
„Auf, auf ihr Ritter, seit nicht so bitter,
jetzt geht's in den Schnee!"
Wir rufen: „Juchhee!"

**Name der Technik:**

# Schreiben nach Bildimpulsen

**Lehrplanbezug:** Kreativ mit Sprache umgehen
- Schreiben nach Sinneseindrücken

## Beschreibung der Technik:

Vorerst erfolgt bei dieser Technik die intensive, subjektive Betrachtung eines Bildes (Dias von Naturaufnahmen, aber auch Bilder aus Zeitschriften, Religionsbüchern, Freiarbeitskarteien, die auf Folie kopiert werden) in entspannter, ruhiger Atmosphäre über einen gewissen Zeitraum (in der Regel 5-10 Minuten).
Anschließend versuchen die Schüler, ihre ganz persönlichen Gedanken und Empfindungen in schriftlicher Form festzuhalten. (Evtl. können schon während des Betrachtens Stichpunkte gemacht werden.)
Hierbei kann man sich vorher auf eine bereits bekannte Schreibtechnik einigen oder diese freistellen. Passende leise Meditationsmusik (siehe Punkt 1.6 der Einführung) im Hintergrund schafft eine angenehme, stimulierende Atmosphäre.

Folgende Beispiele bezeugen, wie sensibel und genau unsere Schüler betrachten können und mit welch treffenden Wörtern sie ihren Empfindungen Ausdruck geben können.

## Schülerbeispiele:

Bildvorlage zu Text S. 89

# Der Zauberwald

Mit wachen Augen gehe ich durch dem Wald. Als ich an einer Lichtung Rast mache und mich hinsetze, passiert etwas Merkwürdiges. Das Gras und die Bäume wachsen. Nein! Sie wachsen keineswegs, ich bin es, die schrumpft! Jetzt bin ich so groß wie ein Daumen und ein Laubfrosch steht neben mir. „Guten Tag! Quak". grüßt er freundlich. „Guten Tag!" grüße ich auch zurück. Er lädt mich zu einem Waldfest ein und ich nehme die Einladung dankend an. Plötzlich stehen wir unter einer Tanne. Eine Spinne macht mit ihrem Netz Musik, eine Schnecke ist Bedienung und serviert in schüsselförmigen Blättern den Abendtau. Glühwürmchen schwirren in den Zweigen als Lampions. Es ist einfach toll! Doch auf einmal fängt es an zu regnen und ich wache auf. Schade, ich glaube, ich werde noch lange daran denken und renne, um dem Regen zu entgehen.

von Simone

Bildvorlage zu Text S. 91

# Ein wunderschöner Tag

An einem großen alten Baum gelehnt sitze ich im Wald und betrachte ihn. Es tut gut hier zu sein und dem Altag zu entgehen. Da! Ein Igel kriecht schnaufend durch das bereits gefallene Laub. Die Eichhörnchen springen und flitzen am Boden, sammeln Nüsse und verstauen diese in ihrem Bau. Es ist, einfach ausgedrückt, ein wunderschöner Tag.

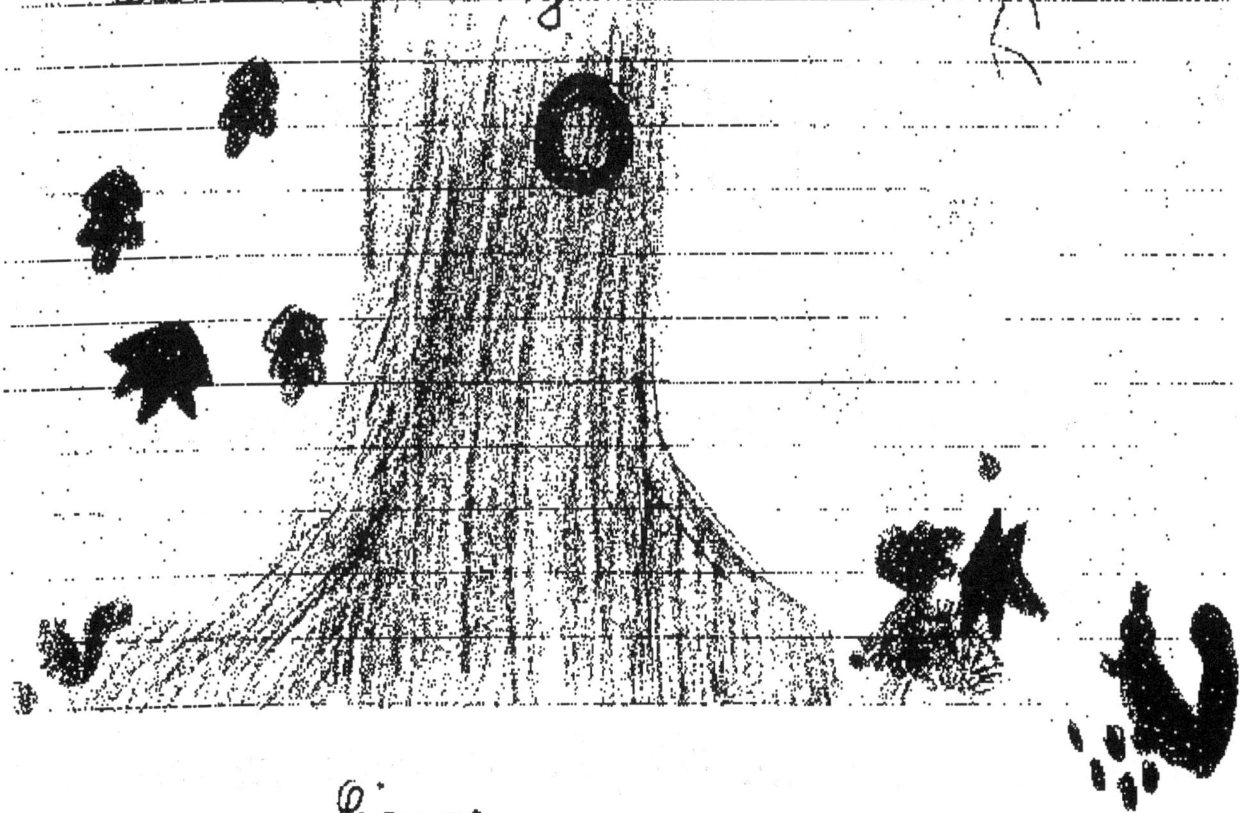

von Simone

# In den Sommerferien

Letztes Jahr im Sommer waren meine Mutter, meine Schwester Tanja und ich in Südfrankreich. Jeden Abend ging ich am Meer spazieren und sah immer einen schönen Sonnenuntergang. Am letzten Tag aber lief ich noch einmal runter zum Meer, dieses Mal war alles wunderschöner und prächtiger. Die Wellen plätscherten über die Steine und ich wartete, bis es ganz dunkel war.

Geschrieben von Sabrina

Die Sonnenblume
Sie ist rund,
Sie ist grün, gelb und braun,
Sie ist sehr groß,
Sie braucht viel Liebe,
Sie ist sehr schön
Die Sonnenblume.
CORINNA

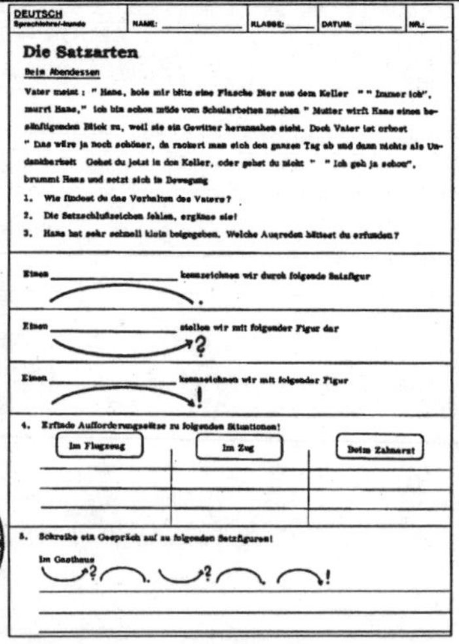


## Inhaltsübersicht:



**Sprachlehre 5/6**
**Nr. 220** *116 S.* **DM 32,90/ €16,82**

---

## Inhaltsübersicht:



**Minikrimis 5/6**
**Nr. 356** *46 S.* **DM 19,90/ €10,17**

---

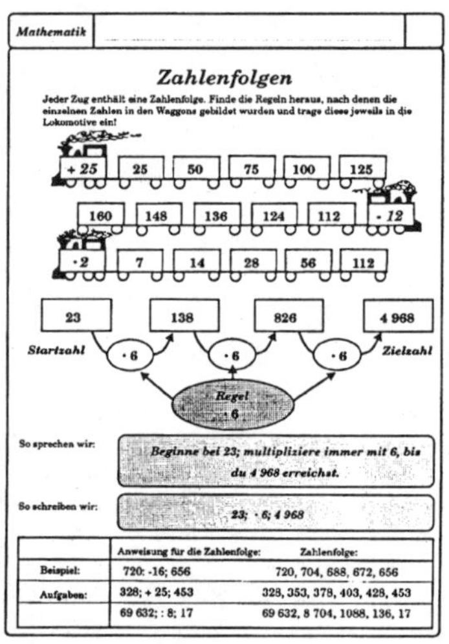


## Inhaltsverzeichnis



**Mathem. Kompakt 5./6 Bd. I**
**Nr. 960** *146 S.* **DM 36,90/€18,87**

---

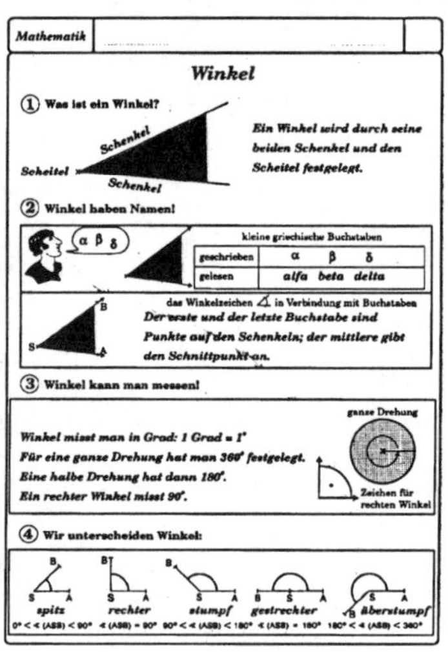


## Inhaltsverzeichnis



**Mathem. Kompakt 5/6 Bd. II**
**Nr. 961** *146 S.* **DM 36,90/€18,87**